My 버킷리스트

New Caledonia!

뉴칼레도니아

New Caledonia!

뉴칼레도니아

초판1쇄 발행	2019년 1월
발행처	에어칼린 한국사무소 www.aircalin.co.kr
	(예약) 02-3708-8596 (마케팅부) 02-3708-8526
	드림아일랜드 dreamisland.co.kr
	(서울) 02-566-3612 (부산) 051-747-7193
편집	조은영 Cho Eun Young / 구지회 Gu Ji Hwey
사진	이창주 Yi Chang Joo 등대사진관
디자인	케이티 K Design
기획	(주)어라운더월드 aroundtheWORLD Inc
	서울 서초구 반포동 107-57 302호/ 02-3477-7046
인쇄	제일프린테크
ISBN	979-11-954724-8-2

본지의 글, 사진, 그림 등의 자료는 무단 전재하거나 복제해서 사용할 수 없습니다.
본지에 실린 외부글은 필진의 의견을 따릅니다.
책자 내용은 사전 예고 없이 현지 및 항공사, 호텔 등의 사정으로 변동 가능합니다.
@ (주)어라운더월드 2019

" 1774년 제임스쿡 선장은 호주와 뉴질랜드 중간 즈음에서 바게트 모양의 섬을 발견했습니다. 뉴칼레도니아는 스코틀랜드의 옛명칭인 'Caledonia'에 'New'를 조합해 탄생한 이 섬의 이름입니다. 새로운 스코틀랜드! 이 섬에서 18세기의 모험가는 자신의 고향인 '스코틀랜드'를 떠올렸지만 21세기 현대인들은 '천국'이란 단어를 떠올립니다. "

LETTER

호주와 뉴질랜드 사이에 있는 남태평양의 작은 섬, 뉴칼레도니아(New Caledonia)!

뉴칼레도니아가 한국에서 본격적으로 알려지기 시작한 것은 2009년 KBS드라마 〈꽃보다 남자〉를 통해서입니다. 드라마 주인공 구준표가 금잔디에게 사랑을 고백하는 낭만적인 촬영지로서 아직도 많은 사람들의 기억 속에 남아 있습니다. 일본에서는 1965년 일본의 여류작가 모리무라 가쓰라의 연애소설 〈천국에 가장 가까운 섬〉의 배경이 뉴칼레도니아라고 알려지고, 동명의 영화가 폭발적인 인기를 끌면서 40여 년 전부터 유명한 휴양지로 자리 잡고 있습니다.

많은 사람들이 허니문으로 찾고 있는 뉴칼레도니아.
사랑 받는 이유는 무엇일까요?

첫째, 때 묻지 않은 순수한 자연환경을 꼽을 수 있습니다. 뉴칼레도니아는 세계 최대 규모의 산호섬으로, 섬 전체가 약 1,600km에 걸친 리프로 덮여 있으며, 그 결과로 형성된 라군의 면적은 24,000㎢에 이릅니다. 2008년 유네스코는 뉴칼레도니아 전체 라군의 60%이상을 세계 유산으로 지정했을 정도이며, 이는 전 세계적으로 유일무이한 경우라고 합니다. 또한 뉴칼레도니아에는 1억 4천만 년 전 쥐라기 시대의 자연환경을 그대로 유지하고 있는 원시림이 있습니다. 날지 못하는 새 카구와 수천 그루의 카오리 나무를 비롯한 온갖 희귀한 생명체들이 살고 있어 동식물 학자들에게 큰 관심을 끌며, 최근 에코 투어리즘의 성지로 떠오르고 있습니다.

둘째, 세련된 프랑스 문화와 순수한 멜라네시안 문화가 공존하는 곳입니다. 뉴칼레도니아는 현재 프랑스의 해외 영토입니다. 수도 누메아 인구의 50% 이상이 프랑스 사람이며, 프랑스 영토이기에 생활방식, 음식, 건축, 문화, 언어 등에 있어 본국의 영향을 받았습니다. 한편 원주민 카낙의 멜라네시안 전통 문화도 잘 보존되어 있습니다. 뉴칼레도니아의 독립 운동가 치바우를 추모하기 위해 프랑스 정부가 세운 렌조 피아노의 작품 '치바우 문화센터'는 뉴칼레도니아의 역사를 한 눈에 볼 수 있는 곳으로, 현재와 과거, 전통 모두를 조화롭게 보여주는 곳 중에 하나입니다. 다양한 전시와 공연도 열리고 있습니다.

셋째, 다양한 액티비티가 가능합니다. 휴양은 물론이고 요트, 다이빙, 제트스키, 패러 글라이딩 등의 해양 스포츠, 그리고 트레킹, 골프, 낚시, 사슴사냥 등의 다양한 스포츠 활동이 가능한 곳입니다. 호주와 뉴질랜드를 제외한 남태평양 국가를 위한 다종목 스포츠 대회인 '퍼시픽 게임' 단골 개최지이기도 한 뉴칼레도니아는 스포츠에도 많은 관심이 있는 나라로 국제 철인 3종 경기, 울트라 트레일 마라톤 경주 등의 스포츠 축제를 개최합니다. 또한 매주 목요일 누메아 꼬꼬띠에 광장에서 열리는 아기자기한 길거리 축제를 비롯하여 수중 사진 촬영 축제, 치즈 축제 등 다양한 주제의 행사가 많습니다.
연평균 24℃의 축복받은 봄 날씨를 자랑하는, 투명하고 우아하며, 이국적이고 도회적 풍모를 지닌, 다양한 축제와 문화가 존재하는 남태평양의 프렌치 파라다이스!!!

자, 이제 뉴칼레도니아로 여행을 떠나보실까요?

Bonjour French Paradise, New Caledonia!

" 천국에서 가장 가까운 섬, 영원한 봄의 나라!
남태평양의 프렌치 파라다이스 "

CONTENTS

Prologue
[프롤로그]

08 뉴칼레도니아는 어디인가요?

10 뉴칼레도니아에 가야 하는 이유

22 뉴칼레도니아 서바이벌 정보

25 뉴칼레도니아의 인종들

Nouméa
[누메아]

28 Map

32 Sightseeing

52 Shopping

56 Accommodation

64 Dining

72 Activities

La Grand Terre
[라그랑떼르]

78 South Map

80 South Yaté

88 South Dumbéa

89 South La Foa

90 South Bourail

92 South Mont-Dore

93 South Sarraméa

94 South Boulouparis

96 South Accommodation

98 North Hienghène

100 North Voh

101 North Poya· Poindimie

Île Des Pins
[일 데 뺑]

104 Map

106 Sightseeing

114 Accommodation

116 Dining

Loyalty Islands
[우베아, 리푸, 마레섬]

120
Ouvéa Map

124
Ouvéa Sightseeing

128
Ouvéa Accomodation

130
Ouvéa Dining

132
Lifou Map

134
Lifou Sightseeing

146
Lifou Accomodation

148
Maré Map

150
Maré Sightseeing

152
Maré Accomodation

Special
[스 페 셜]

48
아메데 등대섬

50
누메아 시티를 돌아보는 방법

51
누메아의 유니크한 투어

55
뉴칼레도니아에서 꼭 구입해야할 필수 아이템

62
누메아 나이트라이프 (BAR)

63
누메아 추천 스파

70
뉴칼레도니아에서 꼭 경험해야 할 음식들

71
뉴칼레도니아에서의 다이닝 조언

74
누메아의 유명 해변들

82
블루리버파크

95
그린아일랜드 Ile Verte

110
일데뺑의 유명한 해변들

138
바닐라의 섬 : 리푸

142
현지인 마을 방문하기

144
카낙(Kanak)문화 이해하기

154
Do You Remember?
<꽃보다 남자>의 촬영지!

156
TRAVEL ADVICE

PROLOGUE
뉴칼레도니아는 어디인가요?

한국에서 가는 법
에어칼린으로 일본, 호주, 뉴질랜드 등을 경유해서 갈 수 있다. 이 중 한국인들이 가장 많이 선택하는 경유지는 일본이다. 일본에서 뉴칼레도니아의 누메아까지는 약 8시간 반이 소요된다. 도쿄 나리타 공항에서는 주 5회(화,수,금,토,일) 오사카 간사이 공항에서는 주 2회(월,목) 운행한다.

남태평양의 파라다이스
호주와 뉴질랜드 사이에 위치한 뉴칼레도니아는 프랑스 영토로 남태평양의 니스라고 불리기도 한다.

경상북도와 비슷한 크기의 작은 섬이지만 섬 전체의 60% 이상이 세계자연유산으로 등재되었고 니켈 매장량이 많은 자원부국이다. 아름다운 라군, 희귀한 색생을 품고 있는 울창한 산림, 오염되지 않은 천혜의 자연이 빚어낸 꿈같은 풍경을 만나면 누구라도 이곳에 반할 것이다.

Where is New Caledonia?

Prologue

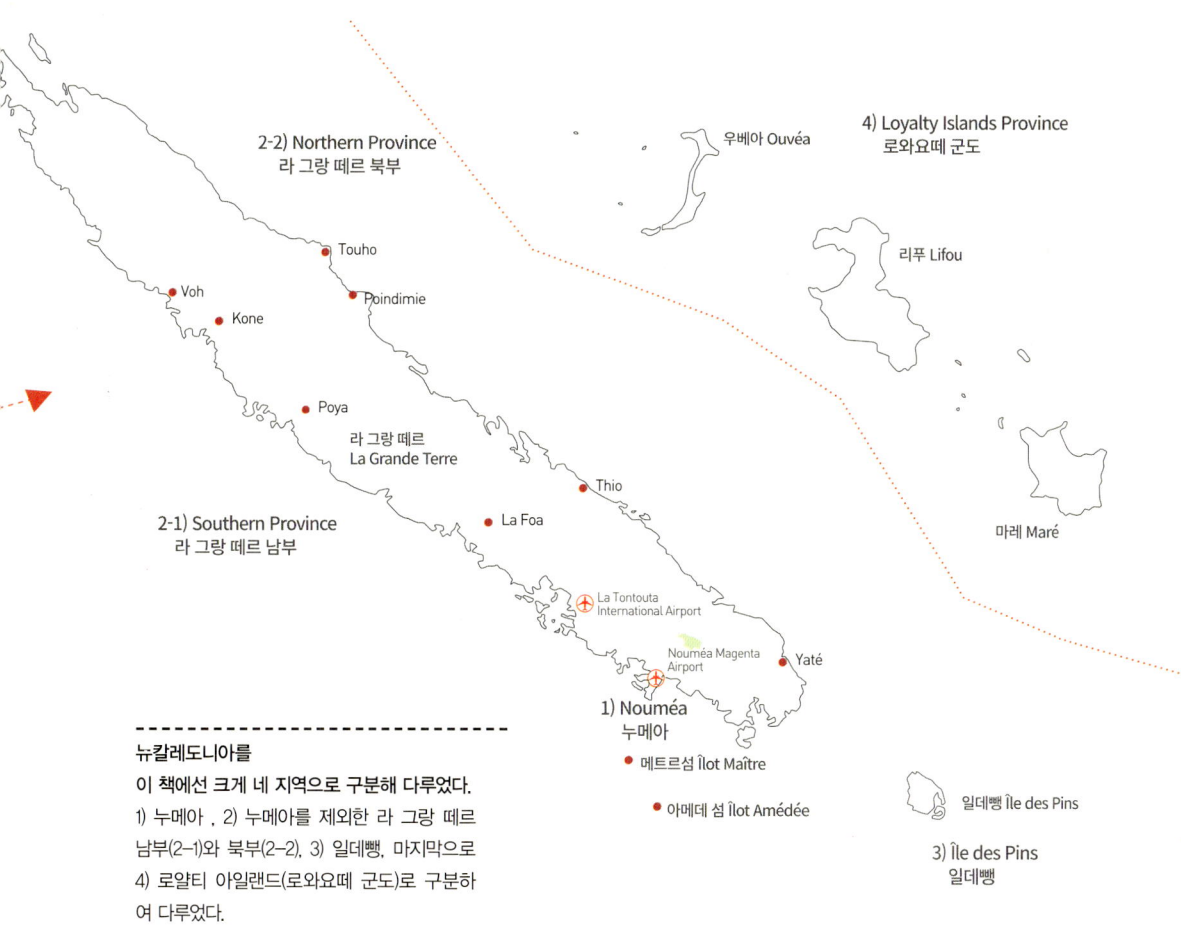

뉴칼레도니아를
이 책에선 크게 네 지역으로 구분해 다루었다.
1) 누메아 , 2) 누메아를 제외한 라 그랑 떼르 남부(2-1)와 북부(2-2), 3) 일데뺑, 마지막으로 4) 로얄티 아일랜드(로와요떼 군도)로 구분하여 다루었다.

PROLOGUE

우리가 지금
뉴칼레도니아에 가야하는 이유

The Reasons Why We Must Go To New Caledonia

Prologue

01. 남태평양의 프랑스

반짝이는 해변에 정박된 요트들, 잘 구획된 거리, 맛있는 프랑스 레스토랑들···뉴칼레도니아는 프랑스다. 프랑스에서 멀리 떨어져 있지만 엄연한 프랑스 땅, 여기에 열대의 풍광과 느긋함, 원주민들의 문화까지 더해져 독특하고 매력적인 '프렌치 파라다이스'가 되었다.

The Reasons Why We Must Go To New Caledonia

02. 동식물의 보고

깨끗한 자연을 간직한 뉴칼레도니아에서는 바다거북이와 돌고래를 보는 것이 일상이다. 심지어는 바다의 인어 듀공과의 조우 또한 종종 일어나곤 한다. 원시 소나무인 아로카리아 소나무, 날개가 퇴화된 카구새 등 다른 곳에서 찾아볼 수 없는 독특한 식생이 유난히 많은 곳이기도 하다.

The Reasons Why We Must Go To
New Caledonia

03. 세상에서 가장 아름다운 바다

뉴칼레도니아에서 가장 아름다운 바다를 꼽는 것은 의미가 없다. 어딜 가든 터키석 물빛과 크리스탈 스노우 백사장을 만날 수 있기 때문이다. 하얀 모래 사구가 수평선 너머 뻗어 가는 무인도 노깡위와, 장장 25km의 해변을 지닌 우베아는 그 일부에 불과하다. 환상과도 같은 뉴칼레도니아 바다 앞에 서는 순간, 이곳에 온 모든 이유가 설명된다.

The Reasons Why We Must Go To New Caledonia

04. 드라마, 소설의 주인공처럼…

뉴칼레도니아의 천국과도 같은 풍광안에선 누구나 영화의 주인공이 된다. 일본에서는 소설 〈천국에서 가장 가까운 섬〉이, 한국에서는 〈꽃보다 남자〉라는 드라마가 일찍이 '뉴칼레도니아 붐'을 일으킨 바 있다.

The Reasons Why We Must Go To New Caledonia

Prologue

05. 멜라네시안의 속살을 만나다

수도 누메아 도심을 제외하면 어디서든 부족 공동체 생활을 영위하는 뉴칼레도니아의 원주민, 멜라네시안들의 삶과 문화를 만날 수 있다. 기회가 된다면 전통 마을을 방문하여 현지 문화를 깊이 체험해 보자.

The Reasons Why We Must Go To
New Caledonia

06. 한적한, 붐비지 않는 특별한 그 곳

여행자에게 덜 알려진 '숨은 보석'
아직 뉴칼레도니아에서는 비교적 한가로운 여행이 가능하다.
현지인도 관광객도 여유로움이 넘치는 이곳에서
진정한 평화를 즐겨보자.

PROLOGUE
뉴칼레도니아 서바이벌 정보

✅ 국명 Country
프랑스/ 해외집합체(Overseas Collectivity)

✅ 수도 Capital
누메아(Nouméa)

✅ 크기 Size
18,575㎢로 경상북도의 면적과 비슷하다.
(경상북도 : 19,028㎢, 2015년 기준)

✅ 위치&지리 Location & Geography
호주 동쪽 1,500km 지점에 위치하며 파푸아뉴기니, 뉴질랜드에 이어 남태평양에서 세 번째로 큰 군도다. 수도 누메아가 위치하고 있는 본섬 라 그랑 떼르(Grand Terre), 로열티 제도(Royalty Islands), 일데뼁(Île des Pins), 그 외 많은 섬들로 이루어져 있다.

✅ 기후 Climate
남반구에 위치하고 있어, 한국과 계절이 반대다. 연평균 기온 24℃. 아열대기후에 속하고 있어 초여름 기후가 연중 계속된다. 12월이 가장 덥고 3월 이후엔 온도가 내려간다. 뉴칼레도니아의 봄에 해당하는 5월~10월은 저녁 시간이나 바다 수영 시 다소 쌀쌀하게 느껴질 수 있다. 하지만 하이킹에는 최적의 날씨이다. 우기와 건기는 따로 없으나 1월~4월이 평소보다 비가 많이 오는 시기, 9월~11월이 비가 적은 시기다.

✅ 인구 Population
280,604명 (2018년 10월 기준)

✅ 인종 People
카낙(원주민) 약 40%, 유럽인 약 30%, 왈리스 푸투나 약 9%, 타히티와 인도네시아 각각 약 2%, 베트남 약 1% 등의 다민족 구성이다.

✅ 종교 Religion
로마 카톨릭 60%, 개신교 30%

✅ 언어 Language
공식 언어는 프랑스어. 일상 생활에서는 33개의 멜라네시아 폴리네시안 방언을 혼용한다.

✅ 시차 Time Difference
한국보다 2시간이 빠르다. (한국이 오후 1시일 때 뉴칼레도니아는 오후 3시) 써머타임은 적용되지 않는다.

✅ 통화와 환율 Currency & Exchange Rate
통화는 퍼시픽 프랑 (Pacific Franc CFP)를 쓰고 유로와는 고정 환율제이다. 119.332CFP=1 EUR 고정환율제. 1CFP=약 10.75원 (2019년 1월 기준)

✅ 전압 Electricity
전압과 소켓 모두 한국과 동일하여, 별도의 변압기나 어댑터가 필요하지 않다.

✅ 역사 History
기원전 1500년 : 라피타(Lapita)인들이 현재의 뉴칼레도니아에 정착하다. 그들은 고도의 항해술과 농업, 토기제조법을 태평양에 전파하였다.

Prologue

11세기 : 대만 등지를 기점으로 하는 오스트로네시아 어족이 뉴칼레도니아로 이주, 선주민과 혼혈을 이루다.

1774년 : 탐험가 제임스 쿡(James Cook)이 뉴칼레도니아 본섬에 입항하다. 이 때 이곳이 산이 많은 모습이 칼레도니아(지금의 스코틀랜드)와 닮았다 하여 '뉴칼레도니아'라고 명명하다.

1841년 : 샌달우드(백단나무) 무역가들와 선교사 등 유럽인들과의 정기 교류가 시작되다.

1853년 : 프랑스가 현 뉴칼레도니아 영토의 대부분을 차지하다. 뉴칼레도니아를 프랑스식으로 누벨칼레도니(Nouvelle-Calédonie)라고 부르다.

1864~1897년: 75회에 걸쳐 약 2만 2천 명의 프랑스 죄수들이 뉴칼레도니아로 유배 오다.

1864~1939년: 솔로몬 제도, 베트남, 일본, 자바 등지에서 약 6만 명의 계약근로자들이 건너오다.

1942~1945년 : 2차 세계대전 기간 중 연합군의 군사기지로 역할을 하였다. 이 때 태평양에서 싸우는 미군들이 대거 이곳에 머물게 되면서 미국 문화를 전파하다.

1946년 : 식민지가 아닌 프랑스의 해외영토로서 인정 받음. 그 결과, 뉴칼레도니아인들은 민족과 상관 없이 프랑스 국적을 지니게 되었다.

1960년대 : 선주민들이 정당을 꾸려 권리주장, 독립운동, 선주민문화부흥운동을 시작하다.

1970년대 : 니켈 붐이 일어 뉴칼레도니아로 이민자들이 대규모로 유입.

1980년대 : 독립 찬성파와 반대파가 충돌하다.

1988년 : 우베아에서 독립을 요구하는 분리주의자들이 프랑스 헌병을 살해하고 인질로 잡은 사건이 일어났다. 이는 테러리즘이 아닌 우발적 사고였으나 프랑스는 이를 유혈 진압하였다.

1989년 : 카낙의 민족지도자 '장 마리 치바우(Jean-Marie Tjibaou)' 암살되다.

1998년 : 뉴칼레도니아의 독립성과 독립결정권을 명시한 누메아 협정이 맺어지다. (프랑스 시민권과 별도의 뉴칼레도니아 시민권 도입, 프랑스 국기와 별도의 뉴칼레도니아 국기 제정, 최종적으로는 뉴칼레도니아로 외교·국방·사법권·통화발행권 외의 권한을 뉴칼레도니아에 양도할 것, 프랑스로부터의 독립 혹은 잔류를 주민투표로 결정할 것 등의 내용)

2018년 11월: 프랑스로부터의 독립 여부를 결정하는 주민투표 실시 결과 프랑스령으로 남기로 결정

✅ 산업 Industry

가장 큰 산업은 니켈 광업이다. 누메아 교외에 있는 도니암보 제련소에서 원석의 80%가량 제련을 거쳐 연간 70만톤 이상의 제련된 니켈을 세계로 수출한다. (세계 4위의 규모). 그 다음은 관광업인데, 한 때 본국 프랑스와의 마찰로 인해 관광객이 급격히 줄어들었으나 1998년 평화협정 이후로 꾸준히 늘어 2016년 통계 11만5000명이 섬을 찾았다.

니켈 공장 Nickel Factory in Nouméa
세계 4위의 니켈 수출을 담당하고 있는 누메아의 니켈 공장의 모습이다. 처음엔 누메아의 교외에 만들었는데 도시의 팽창으로 인해 이 지역까지도 이젠 거주지가 되었다. 1863년 뉴칼레도니아에서 니켈이 발견된 것은 1863년, 1870년대 들어서 니켈 채광이 활발하게 이루어졌다. 니켈 덕분에 뉴칼레도니아는 관광업보다는 광업의 의존도가 더 높다.

✅ 가는 방법 How to get there

한 때 인천-누메아 직항을 운행하기도 했으나 현재는 일본, 호주등을 경유해서만 갈 수 있다. 이 중 한국인들이 가장 많이 선택하는 경유지는 일본. 일본에서 뉴칼레도니아 까지는 약 8시간 반이 소요되며, 도쿄와 오사카 모두 해당 노선을 운영하고 있다.
에어칼린으로, 도쿄 나리타 공항에서는 주 5회(화,수,금,토,일) 오사카 간사이 공항에서는 주 2회(월,목) 운영한다.

✅ 교통 Transportation

항공
뉴칼레도니아의 국제선 공항은 통투타(Tontouta International Airport)공항이며 국내선 공항은 마젠타 공항(Magenta)이다. 본섬과 일데뺑, 마레, 리푸, 우베아 등 섬 지역으로 가는 국내선 항공사로는 에어칼레도니(Air Calédonie)와 에어로얄티(Air Loyauté)가 있다.

페리
누메아에서 아메데, 일데뺑 등으로 출발하는 페리들이 운행하고 있다. 누메아에서 아메데까지는 약 45분, 일데뺑까지는 2시간 30분 가량 소요.

버스
관광객이 버스를 이용할 수 있는 지역은 사실상 누메아뿐. 기타 지역은 버스가 없거나 거의 다니지 않는다. 누메아에서 주요 관광지를 다니는 버스 라인은 10번, 11번과 70번 버스이며, 티켓은 탑승 시 버스 기사에게서 구매할 수 있다. 가격은 210CFP (÷2,500원)
정류장이 하얀 말뚝으로만 표시되는 경우가 있으니 잘 살펴야 하며, 버스 정류장에 서있기만 하고 손을 흔들어 버스 탑승 의사를 밝히지 않으면 정차하지 않고 통과하는 경우가 있으니 주의할 것.

택시
뉴칼레도니아의 모든 택시는 호텔 등에 요청 시 찾아 오는 콜택시로, 도로에 상시 운행하는 택시는 없다. 누메아 라디오 택시 연합회 (687) 28-35-12

렌터카
Budget, Europcar, HERTZ등의 회사가 있다. 운전방향은 우리와 같지만 거의 모든 차량이 수동인 것에 유의해야 하며, 1일 대여요금은 차량에 따라 대략 6-10만원대이고, 별도의 보험료와 보증금 예치가 필요하다. 렌터카를 이용할 경우 현지 여행사에서는 별도의 도움을 주지 않으므로 대여절차를 직접 진행해야하며, 국내면허증, 국제면허증 및 신용카드가 필요하다.
추천업체: http://www.hertz.nc/fr

철도
뉴칼레도니아에는 기차가 없다. 국내 장거리 이동에는 주로 비행기가 사용된다.

PROLOGUE

뉴칼레도니아의 인종들

뉴칼레도니아는 원주민과 여러 이민족들이 어우러진 다문화 사회이다. 모두 국적은 프랑스이지만 인종은 각양각색. 먼저 이 땅의 주인인 카낙(원주민)이 약 40%를 차지하며, 유럽인이 그 다음으로 약 30%를 차지한다. 프랑스에서 이주해 온 유럽인들은 대부분 누메아에 모여산다. 그 외에 왈리스 푸투나가 9%, 타히티와 인도네시아에서 온 이들이 약 2%, 베트남 약 1% 등이 있다.
모두 '뉴칼레도니안'으로 통칭되지만 인종 구분을 하는 다양한 명칭들을 알아보자.

멜라네시안 Melanesian
카낙Kanaks = 티-바-우에르Ti-Va-Ouere
프랑스인들이 오기 전부터 원래 이 땅의 주인이었던 원주민들을 이른다. 최근엔 교육을 받거나 돈을 벌기 위해 누메아에 사는 이들도 많지만, 부족 공동체 생활을 하면서 전통적으로 사는 이들이 아직도 대다수를 이룬다. 1946년 이후 '카낙'들도 모두 프랑스 국적을 가지게 되었다.

프랑스인 French
칼도쉬Caldoches, 레조트르les autres = 칼레도니안 Calédoniens
1853년 프랑스가 뉴칼레도니아를 식민지화 한 이후 이주한 프랑스인, 유럽인 이주자들의 자손들을 '칼도쉬'라 부른다. 한편 뉴칼레도니아에서 태어난 프랑스인들 중 '칼도쉬'에 비교했을때 비교적 최근 이주민들을 '레조트르(les autres)' 라 한다.

프랑스인 French
메트로Metro = 조헤이으zoreilles
본국 프랑스에서 뉴칼레도니아로 이주해 와 장기 거주하거나 일을 하며 체류하는 이들을 '메트로'라 부른다. Metropolitan France 에서 온 단어다. 슬랭으로 '귀'란 뜻의 '조헤이으(zoreilles)라고도 부른다. 이 명칭은 식민지 시대에 본국에서 온 수용소 직원들이 귀 뒤에 손을 말고 죄수들을 대화를 엿듣는 데서 연유했다.

프랑스인 French
삐에 누와르Pieds Noirs
소수이지만, 2,000여 명이 넘는 알제리 태생의 프랑스인들을 삐에 누와르(pieds noirs)라고 부른다. '까만 발'이란 뜻인데, 이들은 대부분 1962년 이후 알제리의 수도인 알제 폭락 이후 이주했다.

기타 Others, New Caledonians
20세기 초, 인도네시아, 바누아투, 베트남, 일본 등 광산업의 발달로 정착하게 된 다양한 인종들이 있다. 1950~1970년대에 지속적으로 타히티, 왈리스 푸투나 등에서 대거 유입된 폴리네시안 인구도 상당하다.

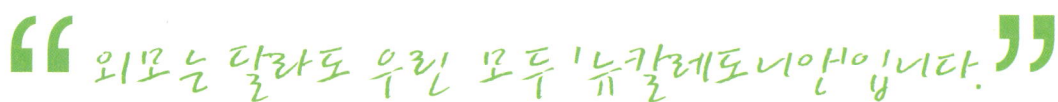

" 외모는 달라도 우린 모두 '뉴칼레도니안'입니다. "

Nouméa

누메아

뉴칼레도니아의 수도, 프랑스 향기 뿜뿜!!

뉴칼레도니아의 본섬(라 그랑 떼르) 남부에 위치한 누메아는 프랑스 문화와 남국의 분위기가 적절히 섞여 있는 뉴칼레도니아의 수도다. 남프랑스를 연상시키는 요트 정박지 옆, 야자나무 그늘 아래 느긋한 남국의 음악이 흐르는 누메아에선 프랑스 감성이 흐른다.

시간이 넉넉지 않은 여행자들은 누메아에 도착하자마자 섬 여행을 떠나느라 바쁘다. 그러다보니 막상 수도인 누메아와 누메아가 위치한 본 섬 라 그랑 떼르의 참매력을 발견하지 못하고 떠나는 이들이 많다. 누메아 시내와 근처 지역, 그리고 다음 챕터에서 다룰 라 그랑 떼르엔 다채로운 볼거리가 있다. 이번 여행에서 누메아와 라 그랑 떼르를 잘 느끼지 못했다면 당신의 두번째 여행에선 라 그랑 떼르를 재발견 하기 바란다.

Nouméa
Map

누메아

본 섬인 라 그랑 떼르의 남부지역에 위치한 누메아는 뉴칼레도니아의 수도인 만큼 가장 많은 사람들이 모여 산다. (라 그랑 떼르 전체 인구 16만 여 명 중 10만 명이 수도인 누메아에 모여 산다.) 여행자들은 누메아의 통투타 공항에 도착하면서부터 뉴칼레도니아 여행을 시작하게 된다.

라 그랑 떼르
La Grande Terre

누메아 Nouméa

메트르섬 Îlot Maître
아메데 섬 Îlot Amédée

Nouméa

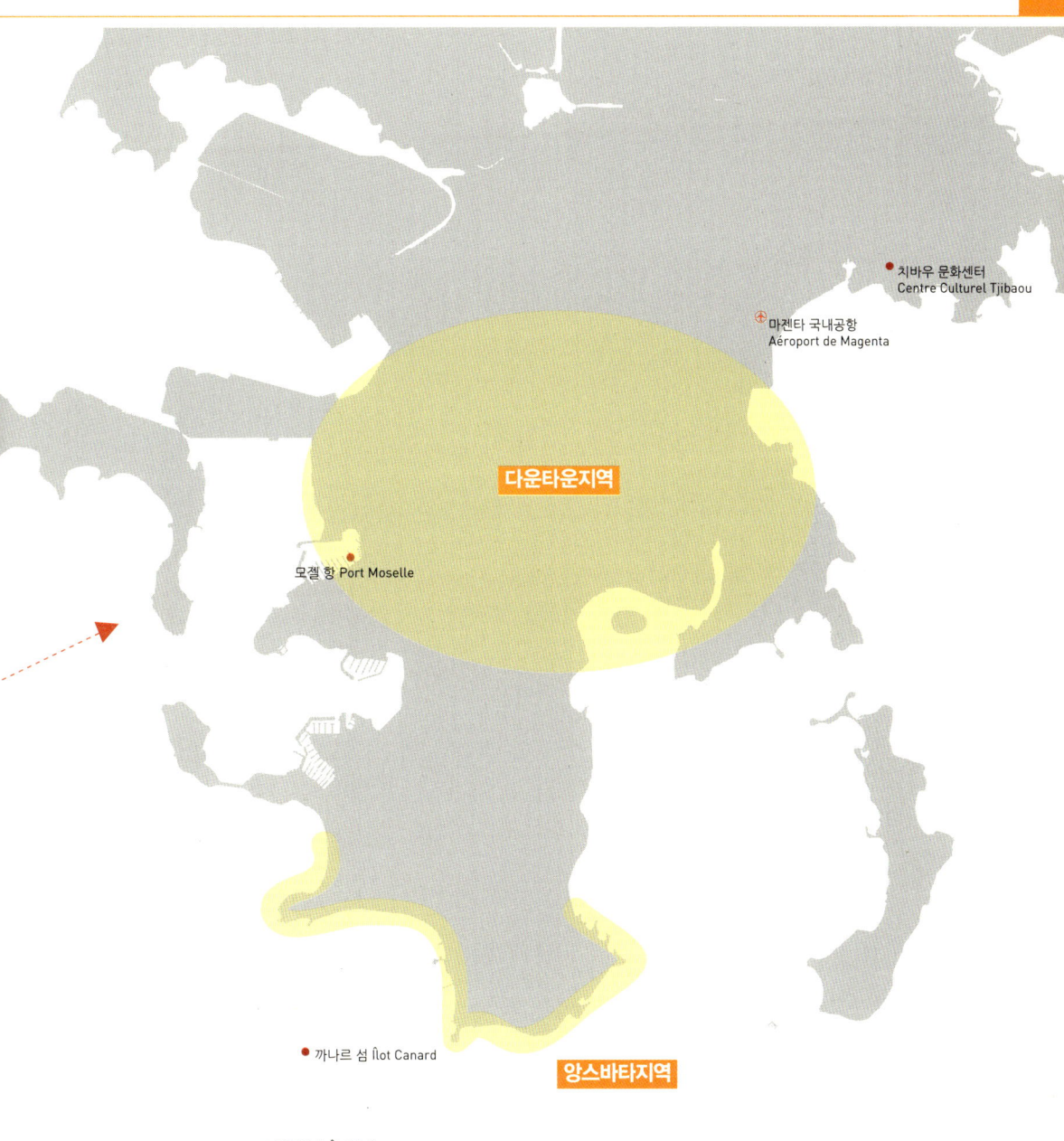

Nouméa
Map

다운타운지역

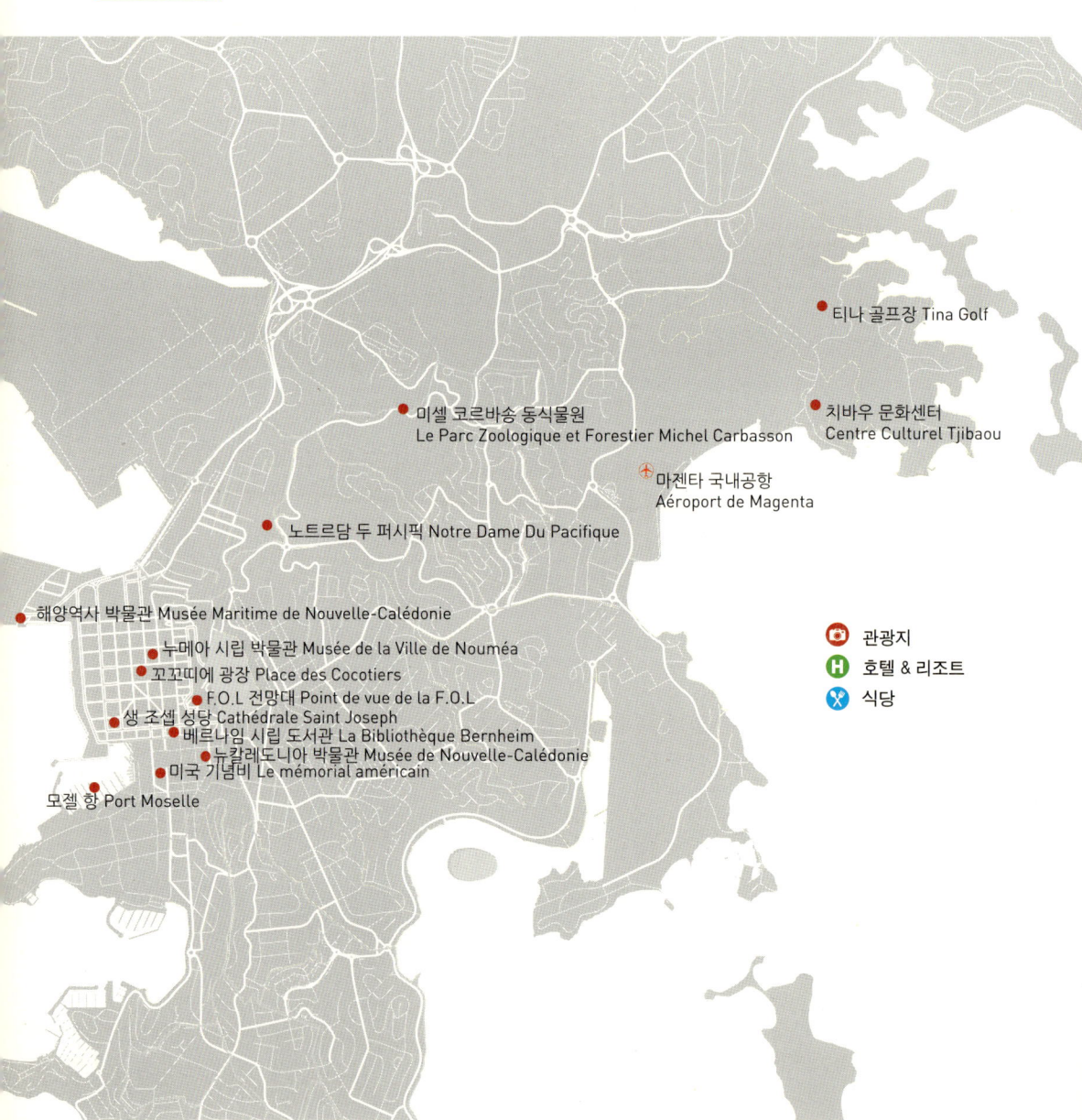

앙스바타지역

Nouméa
Sightseeing

quick tips!

치바우센터 관람포인트!!
이탈리아의 건축거장 렌조 피아노(Renzo Piano)가 디자인한 이 건물은 카낙(원주민)들의 전통 가옥 카즈를 형상화한 것이다. 독특한 디자인으로 세계 5대 근대 건축물 가운데 하나로 꼽힌다.
이곳에선 원주민들의 이야기와 제사 등이 퍼포먼스와 함께 설명된다. 카낙들의 전통 가옥 카즈에서 족장에게 자연스럽게 인사하기 위해 낮게 만든 문, 뾰족한 지붕 꼭대기에 달린 장식 등의 멜라네시아 전통 가옥의 모습을 살펴 볼 수 있다. 센터 내 갤러리에서는 다양한 컨템퍼러리 아트 전시가 연중 열리고 있다. 카페테리아, 기념품 숍 등도 있고 천천히 산책을 할 수도 있다.

Nouméa

좁고 긴 그랑 떼르 섬의 남부에 위치한 수도 누메아는 남국의 분위기와 프랑스 문화가 잘 섞여 있는 곳이다. 한 수도에 자리하고 있는 각각의 이질적인 문화와 역사를 찾아보자. 푸른 바다와 하늘, 잘 구획된 도시와 녹음 덕분에 어디를 방문하든 탁 트인 풍경이 아름답다.

치바우 문화센터 Centre Culturel Tjibaou

1998년, 뉴칼레도니아의 수도 누메아(Nouméa)에서 10km 떨어진 티나(Tina) 반도에 세운 문화센터로 렌조 피아노가 건축했다. 원주민들의 전통가옥인 '까즈'를 형상화한 외관, 28m 높이 지붕으로 원주민의 방언 숫자를 상징하는 등 곳곳에 원주민 문화에 대한 지극한 관심을 담아냈다. 이에 더해 에어컨을 틀지 않고도 시원한 첨단공법 등을 담아내며 카낙 전통과 현대건축의 조화를 잘 보여주고 있는 걸작으로 평가 받으며 세계 5대 근대 건축물 중 하나로 선정되기도 했다. 치바우 문화센터는 카낙 문화 관련 전시장과 공연장이 있어 카낙 문화의 보존과 터전 역할을 한다. '장 마리 치바우'의 헌정 전시관도 따로 마련되어 있다. 프랑스 점령 이전의 복장을 한 현지인들이 그 시대의 삶의 방식을 시연하기도 하며, 침략 이전 그들의 평화롭던 삶을 엿볼 수 있는 기회를 가질 수 있다. 내부에 간단한 식사를 할 수 있는 스낵바가 있다.

위치 Centre culturel Tjibaou, Rue des accords de Matignon, Tina, B.P. 378 98845 Nouméa Cedex
꼬꼬띠에 광장 관광안내소에서 차량 20분 소요. **오픈** 화~일 09:00~17:00. 월요일과 공휴일 휴무, 가이드투어는 화~일 09:30와 14:30, 카낙 쇼는 매주 화요일 14:30. 전화 예약 필수 **관람료** 성인 1,000CFP, 65세 이상/18세 미만/ISIC카드소지자 500CFP, 12세 미만/누메아 르 메르디앙 호텔(Le Meridien Nouméa Resort&Spa) 투숙 키 소지자 무료, 가이드투어 성인 2,000CFP, 65세 이상/18세 미만 1,000CFP, 12세 미만 500CFP, 카낙 쇼 성인 3,000CFP, 65세 이상/18세 미만 2,000CFP, 12세 미만 1,500CFP **문의** www.adck.nc/, (+687) 41 45 45

> **quick tips!**

렌조 피아노
Renzo Piano
(1937~)

이탈리아인 렌조 피아노는 파리 '퐁피두센터', 런던 '더 샤드', 오사카 '간사이 공항' 등 많은 기관시설과 랜드마크들을 세계 곳곳에 지은 유명 건축가다. 뉴칼레도니아 소재 '치바우 문화센터'도 그의 작품이다. 렌조 피아노 건축물들은 하나같이 공학과 아름다움이 잘 조화되어 있다. 실용적이면서도 아름다운 건물을 지은 르네상스 시대의 건축가 브루넬리스키와 종종 비교되기도 한다. 그는 치바우 문화센터 건립과 함께, 건축계의 노벨상이라 불리는 프리츠커 상(Pritzker Architecture Prize)을 수상하였다.

장 마리 치바우
Jean-Marie Tjibaou
(1936 ~ 1989)

뉴칼레도니아 부족통합과 독립을 위해 일했던 인물로, '선경제자립 후독립'을 주장했던 카낙 민족지도자다. 후에는 프랑스와의 공존을 위해 노력했다. 그의 이러한 행보가 독립파 진영 내 극단주의 세력을 자극하여, 결국 암살되었다. 그런 그를 추모하기 위해 프랑스 정부가 설립한 것이 바로 치바우 문화센터다.

Nouméa
Sightseeing

꼬꼬띠에 광장 Place des Cocotiers
동서쪽으로 길게 뻗은 네 개의 직사각형 형상을 한 꼬꼬띠에 광장 Place des Cocotiers)은 누메아의 심장부 역할을 하는 시내 중심에 위치해 있다. 팜트리가 많아 프랑스어로 야자나무를 칭하는 꼬꼬띠에 광장이란 이름이 붙었다. 매년 1,2월이면 아름드리 나무마다 붉은 꽃을 피운 불꽃나무(Flame Tree)가 흐드러지게 피어 이 또한 장관이다. 광장의 동쪽에는 키오스크(kiosque)음악당이, 광장의 중앙에는 여신상이 높여져 있는 셀레스트(Celeste)분수대가, 서쪽에는 누메아 관광안내소가 자리잡고 있으며 그 주변에는 카페나 레스토랑들이 있다. 주변 식당에서 테이크 아웃을 해 불꽃나무 아래 돗자리를 펴고 현지인들처럼 피크닉을 즐겨보는 것도 좋겠다. 광장에는 여행자들을 위한 관광안내소가 위치하고 있다.

관광안내소 Tourist Information Center
오픈 08:00~17:30 (토요일 09:00~12:00) 일, 공휴일 휴무
문의 www.office-tourisme.nc +687 28 75 80

quick tips!

꼬꼬띠에 광장 주변 먹거리와 쇼핑

르 판다누스 Le Pandanus
꼬꼬띠에 광장 버스 정류장을 기점으로 공원 끝 정 반대에 위치하고 있는 간편식당이다. 메뉴는 샌드위치, 샐러드 등이며 실내석도 있지만 테이크 아웃 하기에도 좋다.
오픈 월 06:00~14:00/화~금 06:00~18:00/토 07:00~14:00
가격은 클럽샌드위치 550CFP, 참치샐러드 750CFP, 퀴노아 샐러드 850CFP.

록시땅 L'Occitane
남프랑스 자연의 향을 담은 오일, 비누, 크림 등을 판매하는 프랑스 브랜드다. 한국에도 입점해 있지만, 뉴칼레도니아에서만 구할 수 있는 제품을 구할 수 있으니 체크해볼 만 하다. 리푸산 샌달(Santal) 에센스 5,200CFP
위치 Ctre, Nouméa. 코코티에광장 관광안내소에서 도보 2분.
문의 https://fr.loccitane.com/ +687 27.10.14

스포츠 엔씨 Sport NC
스노클링기어, 운동화, 심지어는 수렵용 총까지 각종 스포츠용품을 살 수 있는 스포츠 전문 숍이다. 아쿠아비치슈즈 1,495CFP, 스노클링용 오리발과 수경 3,995CFP
위치 Sport NC, l'Alma-André Ballande, 20 Rue de Liège, Nouméa 꼬꼬띠에 광장 관광안내소에서 도보 3분
문의 https://www.facebook.com/sportnc.nouvellecaledonie/ +687 28.95.85

프르넬르 메종 Prunelle Maison
패브릭, 식기 등 리빙 소품을 엄선해 판매하는 곳이다. 디자인과 색상뿐만 아니라 소재에도 신경을 쓴 상품들이 진열돼 있으며, 테이블세팅 등을 보고 인테리어를 참고할 수도 있다. 쿠션 12,500CFP 서버스푼과 포크 4,900CFP
위치 6 rue du Docteur Lescour, Quartier Latin 꼬꼬띠에 광장 관광안내소에서 도보 15분
운영시간 09:00~12:30, 13:00~17:30(토요일 09:30~12:30, 14:30~17:00) 일요일 휴무
문의 https://www.facebook.com/Prunelle-maison-1825512914338709 / +687 28.94.49

앰비앙스 앤 스타일 Ambiance&Styles
키친용품 전문숍이다. 프랑스에 본점이 있는 대형점인 만큼 유행에 민감한 제품들이 다량, 여러 종류 갖춰져 있는 것이 장점이다. 작은 새 모양의 소금 후추통 4,750CFP
위치 30 rue Auguste Brun, Nouméa 꼬꼬띠에 광장 관광안내소에서 도보 15분
운영시간 09:00~18:00 일요일 휴무
문의 www.ambianceetstyles.com +687 27 72 33

샴발라 Shambhala
네팔산 원단에 뉴칼레도니아 디자인이 가미된, 독특한 분위기의 의류와 디자인소품 등등을 파는 곳이다. 편안하면서도 화려한 미션로브(원주민들의 전통의상)을 살 수 있는 곳이기도 하다. 여아용 미션로브 2,900CFP, 남국풍 웃옷 950~5,900CFP
위치 45Rue de Sebastopol Centre Villa 꼬꼬띠에 광장 관광안내소에서 도보 10분
운영시간 08:30~17:00 일요일 휴무
문의 http://www.shambhala.nc/fr/

라 메종 드라 펄 La Maison de la Perle
타히티산 흑진주를 취급하는 가게다. 디자인부터 가공까지 이곳에서 진행하고 있는데, 원한다면 공정을 견학할 수도 있다.
팔찌 40,200CFP, 반지 22,000CFP, 목걸이 19,000CFP
위치 29 Rue de Sebastopol Centre Ville 꼬꼬띠에 광장 관광안내소에서 도보 5분
운영시간 09:00~24:00 (토요일은 17:30까지) 일요일 휴무
문의 https://www.facebook.com/MaisonDeLaPerleNouméa/ +687 27.82.27;88888

Nouméa
Sightseeing

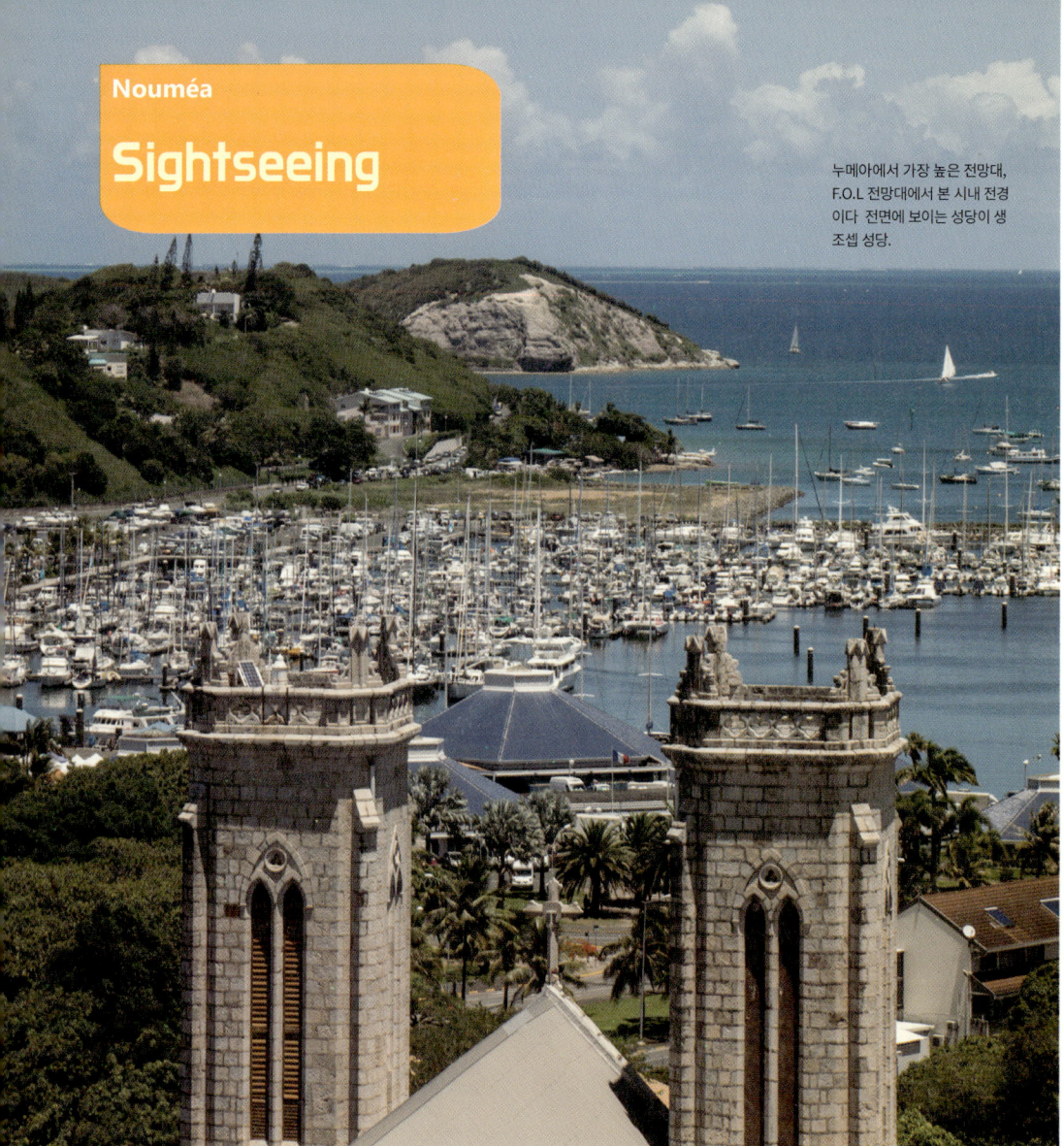

누메아에서 가장 높은 전망대, F.O.L 전망대에서 본 시내 전경이다 전면에 보이는 성당이 생 조셉 성당.

생 조셉 성당 Cathédrale Saint-Joseph
본 섬 내 가톨릭 교회의 총 본산 역할을 하고 있는 곳이다. 10년간 많은 수의 유형자들의 노동력을 빌려 1897년 완성되었으며, 25m 높이의 두 개 종탑이 심벌이다. 매일 정오가 되면 이 종탑에서 1.5톤이나 되는 거대한 종을 울린다. 내부에 들어서면 스테인드 글라스가 빚어내는 빛의 산란이 아름다우며, 1912년에 만들어진 시계와 1786년 만들어진 각기 다른 소리를 내는 3개의 벨로 된 시계 또한 볼 거리다. 운이 좋을 경우 1909년 설치된 파이프오르간 연주를 들을 수도 있다. 엄숙한 성전이므로 카메라 플래쉬나 셔터음에 주의할 필요가 있다.
위치 3 Rue Frederic Surleau Centre Ville. 꼬꼬띠에 관광안내소로부터 도보 10분
오픈 06:00~18:00 (토요일 06:00~15:00) 일부 휴일과 미사 시간에는 입장 불가 (토요 미사 15:00, 일요 미사 06:00/09:00/18:30)
문의 http://diocese.ddec.nc/paroisses/cathedrale.htm 27-32-88

F.O.L 전망대 Point de vue de la F.O.L
누메아 시내부터 모젤 항구까지 내려다 보이는 전망포인트로, 도보, 혹은 차량을 이용하여 오를 수 있다. 오르는 길에 만날 수 있는 누메아 주택지 또한 여행자에게 색다른 풍경이다. 전망대에 위치한 F.O.L 건물은 문화센터였으나 현재는 닫혀 있다.
위치 생 조셉 성당 부근, 꼬꼬띠에 광장 관광안내소로부터 도보 20분

2차 대전 때 만든 대포가 전시되어 있는 128m의 우엥토로 전망대에는 시내와 함께 까나르 섬, 메트르 섬까지도 조망한다.

우엥토로 언덕 Ouen Toro

앙스바타 비치와 카나르 섬, 멀게는 아메데 섬까지 보이는 해발 128m의 언덕이다. 섬 최남단에 위치하고 있으며, 석양이 특히 아름답기로 유명하다. 앙스바타 해변에서 가까운 등산로를 따라 정상까지 걸어갈 수 있으며, 시티투어 기차인 추추 트레인의 기착지이기도 하다. 오솔길 표지판을 따라 걸으면 숲길 따라 산책하기 좋은 코스가 이어진다.

위치 누메아 르 메르디앙 호텔에서 도보 20분.

Nouméa
Sightseeing

카지노 Casino
누메아에는 카지노가 두 곳 소재하고 있다. 르 메르디앙 호텔(Le Meridien Nouméa Resort&Spa) 바로 앞에 있는 그랜드 카지노와 구(ex) 르 서프 호텔에 인접한 카지노 로얄이다. 18세 미만은 보호자가 반드시 동반해야 하며, 여권지참은 필수다. 복장은 스마트 캐주얼이 권장되며, 탱크톱·수영복·야구모자 등은 입장이 불가하다. 입장료는 무료이며, 호텔에 따라 숙박 시 카지노에서 쓸 수 있는 음료권과 500CFP상당의 칩 교환권을 주는 경우가 있다.

카지노에 입장하는 데 따로 입장료는 없다. 주류 및 소프트 드링크, 티 등이 마련되어 있어 사 먹을 수 있다.

그랜드 카지노 Grand Casino
위치 9 Promenade Pierre Vernier – Pointe Magnin 오픈 슬롯머신(10대) 일~목 11:00~02:00, 금~토 11:00~03:00 테이블게임(갬블테이블 18대) 일~목 20:00~02:00 금~토 20:00~04:00, 일요일 18:00~02:00

카지노 로얄 Casino Royal
위치 55 Promenade Roger Laroque – Anse Vata 오픈 슬롯머신(126대) 일~목 11:00~02:00, 금~토 11:00~03:00 테이블게임(Sic-Bo. 3대) 월~목 18:00~01:00, 금~토 16:00~02:00, 일 16:00~24:00 (English Roulette. 8대) 금 20:00~02:00

미셸 코르바송 동식물원 Le Parc Zoologique et Forestier Michel Corbasson
불꽃나무와 선인장 정원 등 240여종 남국의 식물들을 관람할 수 있는 식물원과, 뉴칼레도니아의 국조인 카구와 과일박쥐 등 희귀한 동물들을 만날 수 있는 동물원이 함께 자리한 동식물원이다. 호수와 언덕 등 자연 그대로의 지형을 살려 지은 축구장 34개 크기의 광대한 부지이기 때문에 다 둘러볼 경우 도보 반나절이 소요된다. 걷기 힘든 사람은 세그웨이 렌탈을 예약할 수 있다.

위치 62 Rue Teyssandier de Laubarede Porte de Fer. 코코티에 관광안내소에서 차량으로 15분. 목적지로 향할 때, 돌아올 차편도 함께 예약하는 편이 좋다. **오픈** 9/1~4/30 10:15~17:45. 5/1~8/31 10:15~17:00 매주 월요일, 1/1, 12/25 휴무 **요금** Operateurs touristiques 600CFP, 19~59세 600CFP, 6~17세와 60세 이상은 300CFP, 성인 두 명과 6~17세 어린이 최대 세 명 1,500CFP 세그웨이 2시간 8,000CFP. 전일 예약필수. **문의** +687 27 89 51

Nouméa
Sightseeing

라이온 피쉬, 나폴레옹 피시, 깃데돔

뉴칼레도니아 라군 수족관 Aquarium des Lagons Nouvelle-Calédonie
1956년에 생물학자 카타라 부부가 문을 연 사립 수족관으로, 규모는 작지만 담수부터 심해까지 다양한 곳에 서식하는 수중생물을 만날 수 있으며 희귀종도 쉬이 찾아볼 수 있다. 자연광과 해수 순환펌프를 이용한 개방식 수족관이기 때문에 뉴칼레도니아의 진짜 바닷속 생태를 관찰하는 느낌이다. 어두운 실내에서 형광색으로 빛나는 야광산호, 매일 14:30 이뤄지는 거북이 식사시간이 인기다.
위치 61 promenade Roger Laroque Anse Vata 시트롱만 쇼핑센터로부터 도보 5분.
오픈 화~일 10:00~17:00 (4시 이후 입장 불가)
입장료 성인 1,500CFP, 어린이 750CFP, 그룹(성인2에 어린이 3명까지) 3,000CFP. 60세 이상 1,125CFP, 그룹가이드투어(최소 8명 예약 필수) 3,000CFP
문의 http://www.aquarium.nc/en/ (+687) 26 27 31

quick tips!

뉴칼레도니아의 해양동물

바다거북 Sea Turtle
뉴칼레도니아 전역에 서식하며 어디서든 높은 확률로 만나볼 수 있다. 특히 녹색 바다거북, 큰 머리 거북, 붉은 바다거북, 루쓰 바다거북이 흔하다.

블랙만타 Black Manta
다이버들이 동경하는 전신이 검은 만타. 아메데 섬 등에서 조수가 해안쪽으로 몰려 오는 시간대에 자주 출현한다.

듀공 Dugong
신비한 모습으로 인어 전설의 기원이 된 몸길이 약 3m의 대형 해양 포유동물이다. '바다의 소'라고도 불리며, 앙스바타 부두나 메트로섬 등 뉴칼레도니아에서도 자주 출현한다. 따뜻하고 얕은 수초 많은 여울에서 아침에 볼 수 있는 경우가 많다.

앵무조개 Nautilus
뉴칼레도니아는 '살아 있는 화석'이라 불리는 앵무조개의 지구상 유일한 서식지다. 앵무조개는 수심 150m와 600m에서 서식하는 3억 4천만년의 역사를 가진 두족류 동물이다.

물뱀 Tricots Raye
누메아에서 익스커션 투어로 갈 수 있는 인근의 아메데 섬에 가면 흔히 볼 수 있는 물뱀이다. 독성을 가지고 있지만, 머리가 작아 사람을 물지 못하기 때문에 친근한 이미지로 패션브랜드의 마스코트로 등장하기도 한다. 뱀이 등장하는 귀여운 티셔츠는 기념품으로도 좋을 듯 하다.
www.tricot-raye.nc

Nouméa
Sightseeing

누메아 시립 박물관 Musée de la Ville de Nouméa
1874~1877년 식민시대에 세워진 후 시청, 은행, 극장 등 다양한 용도를 거쳐 현재는 박물관으로 자리잡은 곳이다. 19세기 말 누메아 거리 모습을 재현한 모형과 도시계획, 이민역사 관련 자료 등등이 전시되어 있다. 뒤편의 정원도 멋지니 방문해 보자. 꼬꼬띠에 광장 맞은편에 위치하고 있어 쉽게 찾아갈 수 있다.
위치 39 rue Jean Jaures Centre Ville. 꼬꼬띠에 광장 관광안내소로부터 도보 3분
오픈 월~금 09:00~17:00, 토 09:00~13:00/14:00~17:00, 공휴일과 일요일 휴무.
요금 성인 200CFP, 학생과 60세 이상 100CFP, 12~18세 50CFP, 12세 미만 및 장애인 무료
문의 www.noumea.nc/musee-de-la-ville (+687) 26 28 05

뉴칼레도니아 박물관 Musée de Nouvelle-Calédonie
1971년 문을 연, 카낙(원주민)의 전통예술을 전시하는 박물관이다. 뉴칼레도니아의 역사, 그 중에서도 주로 멜라네시아계 사람들의 생활·문화·민속신앙·예술에 관련해 전시하고 있다. 카낙 화폐, 장례식 가면, 피로그 설계도 등 생활에 밀접한 전시물이 많아 재미를 더한다. 그 외, 바누아투나 파푸아뉴기니 등 다른 남태평양 원주민들의 토속품과 민예품도 관람 가능하다. 사전 허가를 받지 않으면 상설전시실에서 사진을 찍을 수 없으니 주의할 것.
위치 45 Av. Du Marechal Foch Quartier Latin
오픈 09:00~11:30/12:15~16:30 (화, 공휴일 휴무)
요금 성인 200CFP, 12세 미만 어린이 무료, 학생·60세 이상·장애인·12~18세 50CFP
가이드투어 12세미만 무료~성인 3,000CFP(예약 필수)
문의 www.museenouvellecaledonie.nc (+687) 27 23 42

베르나임 시립 도서관 La Bibliothèque Bernheim
루시앙 베르나임의 기부로 1905년 문을 연 도서관이다. 그는 1856년에 출생해 1884년 뉴칼레도니아로 이민한 프랑스인으로, 광산업으로 번 10만 프랑을 기부해 도서관을 건축하고 파리 만국박람회에 출품하였다. 2차 세계대전 중에는 건물이 미군 본부로 사용되기도 했지만, 이제는 다시금 시민의 품으로 돌아와 9만권 이상의 장서를 소장하고 있다. 뉴칼레도니아와 남태평양 연안국 연구를 위한 중요한 자료들이 많은 것으로 알려져 있다. 이 매력적인 식민지 풍 건축물의 금속 프레임은 에펠탑을 만든 에펠(G.Eiffel)의 작품이다.
위치 41 av. du Maréchal Foch 생 조셉 성당 부근
오픈 화,목,금 11:00~16:30/ 수 09:00~17:30/ 토 09:00~16:00.
문의 http://www.bernheim.nc/ 687-24-20-90

해양역사 박물관 Musée Maritime de Nouvelle-Calédonie
2013년에 개장한 관내에는 좌초한 선박 관련 전시물이나 배의 모형, 탐험결과물 등이 일목요연하게 정리되어 있다. 특히 프랑스 항해가 라 페루즈의 원정 유물이 눈여겨볼 만하다. 뉴칼레도니아의 해양역사나 환경에 대해 배울 수 있다. 제임스 쿡 거리의 옛 선박 승객 터미널에 위치하고 있다.
위치 11 Av. James Cook
오픈 화~일 10:00~17:00 (월 휴무)
요금 성인 500CFP / 6~18세,60세 이상, 구직자, 학생 250CFP/ 6세 이하 어린이, 장애인 무료
문의 museemaritime.nc 287 26 34 43

Nouméa
Sightseeing

미국 기념비 Le mémorial américain
뉴칼레도니아는 제 2차 세계대전 동안 미군과 연합군의 태평양 사령부였다. 이에 1942년 이후 4년 동안 15척의 군함을 타고 100만명이 넘는 미군들이 이 섬을 거쳐갔다. 이를 기념하는 의미에서 미국군 주둔 50주년인 1992년에, 뉴칼레도니아를 보호하는 성조기의 행렬을 형상화한 미국 기념비가 건립되었다.
위치 아침시장 부근의 포쉬 거리

노트르담 두 퍼시픽 Notre Dame du Pacifique
잘 알려지지 않은 누메아의 아름다운 뷰 포인트다. 푸른 타일로 장식된 반구형의 작은 언덕 위 성모마리아가 서 있고 그 주변으로 작은 제단들이 자리하고 있다. 크루즈선 정박지와 가깝기 때문에 바다 위 고층빌딩처럼 떠다니는 크루즈선의 모습이 잘 보인다.
위치 Nouméa, Grand Terre 98800, New Caledonia. 마젠타 공항에서 차량으로 10분

Nouméa

모젤 항 Port Moselle

수도 누메아의 대표적인 항구로, 요트가 정박해 있는 모습이 평화롭다. 아메데 등대섬 등 선택관광코스들이 대부분 이곳에서 출발하며 선박 교통의 중심지이기 때문에 언제나 활기가 넘친다.
또한 누메아의 부엌인 '아침시장'이 이곳에 자리하고 있으며 근처엔 미국 기념비도 위치한다.

모젤항은 아메데 등대섬 투어와 몽도르 고래워칭 등 여러 근교 투어의 출발지이기도 하다.

Nouméa
Sightseeing

quick tips!

누메아 현지인들도 자주 이용하는 이 시장에서는 일상생활에서 필요한 거의 모든 것을 구매할 수 있다. 의류, 향신료, 꽃, 야채와 과일, 생선, 기념품, 수제 비누 등 끝이 없는 구경거리에 걷는 것만으로 재미는 보장! 주말이면 카페테리아 주변에서 무료로 음악 연주나 공연 등이 펼쳐지는데 인근 섬 마을 주민과 타지역 사람들까지 몰려와 활기가 넘친다.

아침시장 Marché Municipal
푸른 타일 지붕 건물동이 5개 모여 있는 대규모 시장이다. 신선한 농산물·해산물뿐만 아니라, 관광상품까지 한 눈에 구경할 수 있다. 여행자 입장에서는 현지사람들의 일상을 관찰할 수 있는 곳이기도 하다. 평일보다는 주말 방문을 추천하며, 오전 9시 이전에만 가면 활기찬 분위기를 느끼는 데 무리가 없다. 이른 아침식사는 시장 내 베이커리 카페에서 해결하면 좋다. 도너츠 90CFP, 카페오레 280CFP, 게 500g 5,000CFP, 파레오 1,200~2,000CFP, 수채화 기념엽서 400CFP

위치 51 Bis Rue Georges Clemenceau Nouméa, New Caledonia 코코티에 광장 관광안내소로부터 도보 10분
오픈 05:00~11:00경. 월요일 휴무 (카페는 무휴)

아메데 등대섬

누메아에서 보트로 40분 거리에 있는 작은 무인도로, 누메아에 머무르는 동안 꼭 가봐야 할 곳이다. 섬의 아이콘은 150년 전 나폴레옹 3세 때 만들어진 하얀 등대인데, 특이점은 파리 에펠탑 엔지니어였던 '리골레(Mr.Rigolet)'가 설계를 맡았다는 점이다. 철로 만들어진 이 56m의 등대는 247개의 나선형 계단을 따라 걸어 올라가 볼 수도 있다. 등대 정상에 올라 서면 내려다보이는 코발트 빛의 화려한 산호초 바다와 섬은 흥미로운 식생의 보고다. 바닷속 깊은 곳까지 훤히 들여다 볼 수 있는 글래스보트를 타면 거북이나 가오리, 상어가 노니는 것이 예사롭다. 육지엔 섬의 마스코트인 얼룩무늬 물뱀이 방문객들을 반겨주는데, 입이 작아 사람을 물 수 없다니 그리 위험하지 않다. 기타 자연 속에서 즐기는 뷔페와 민속 춤, 등대투어, 스노클링과 수영 등을 즐기며 섬을 자유롭게 즐기다 보면 하루가 저물어 간다.

하얀 등대는 섬의 아이콘이며 56m 높이이다.

투명한 유리바닥으로 되어 있는 글래스 바텀 보트는 다이빙이나 스노클링을 하지 않고도 수중 경관과 해양생물들을 관찰할 수 있다.

아메데 섬의 아름다운 등대의 247개의 계단을 오르면 360도로 펼쳐진 아름다운 경관에 탄성이 절로 나온다. 나선형의 계단을 오르기 전 신발을 벗어야 하고 등대에 오르려면 입장료를 내야 한다.

184명이 탑승할 수 있는 쾌속선 Mary D호를 타고 45분간 바람처럼 달려 하얀 등대와 푸른 하늘이 환상의 조화를 이루는 아메데 등대 섬으로 간다.

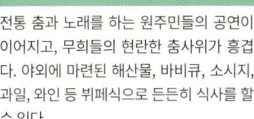

전통 춤과 노래를 하는 원주민들의 공연이 이어지고, 무희들의 현란한 춤사위가 흥겹다. 야외에 마련된 해산물, 바비큐, 소시지, 과일, 와인 등 뷔페식으로 든든히 식사를 할 수 있다.
섬의 마스코트인 얼룩무늬 물뱀을 봐도 놀랄 필요는 없다. 입이 작아 사람을 물 수 없다고 하니 위험하진 않다.

Mary D 아메데 섬 일일투어

일주일에 네 번, 소요시간 9시간 정도 걸리는 올데이투어. 요금 성인 17,500CFP, 어린이 10,500CFP, 유아는 무료이다. 예약을 권장한다.
www.amedeeisland.com

- 08:00 호텔 앞 출발 (여러 호텔에서 픽업하기 때문에 각자 출발시간이 다름)
- 08:30 모젤항에서 고속선 탑승
- 09:15 아메데섬 도착
- 10:00~ 오전 액티비티
  각 언어권별로 글래스보트 등의 투어가 이뤄진다.
- 11:45 칵테일 서비스 시작
- 12:00 뷔페식 점심식사 시작
- 12:30 타히티 전통 춤 공연
- 13:15 커피서비스
- 13:30~ 오후 액티비티
  팔레오 입기, 코코넛 따기/파기 체험 등
- 15:30 (동계) 고속선 탑승. 아메데 출발
- 16:15 (하계) 고속선 탑승 (10월~3월말)
- 16:30 (동계)모젤항 도착
- 17:00 (하계)모젤항 도착 (10월~3월말)

Special 2

누메아 시티를 돌아보는 방법

프랑스 문화와 멜라네시안 문화가 공존하는 누메아 시티는 볼수록 매력적인 곳이다. 도보, 자전거, 자동차 등 다양한 방법으로 돌아보자. 시내 중심은 걸어서 둘러보고 조금 먼 거리는 앙증맞은 꼬마기차나 누메아 익스플로러를 이용할 수도 있다.

추추트레인 Tchou Tchou Train

꼬마열차에 올라 2시간동안 누메아를 가이드와 함께 돌아보는 낭만적인 시티투어다. 뉴칼레도니아의 화창한 햇빛에 노출된 채 장시간 달려야 하기 때문에 선크림 등을 챙겨야 한다. 가이드투어는 영어와 프랑스어로 진행된다.

위치 오픈 시즌 별로 출발 시간이 상이하기 때문에 예약 시 정확히 문의해야 한다.
요금 성인 2,000CFP, DJFLSDL 1,000CFP. 2살 이하는 무료. 팁 별도. 온라인/앙스바타비치 매표소에서 티켓구매 가능
문의 https://www.noumeadiscovery.com/product/tchou-tchou-train +687 26.31.31

택시보트

목적지와 인원수를 말하면 어디든 갈 수 있다. 주말에는 정해진 가격이며, 주중에는 목적지와 연령별 인원수에 따라 가격이 달라진다. 비용을 아끼기 위해서는 그룹이 함께 출발하고 함께 돌아오는 것이 좋다. 현재 앙스바타 해변에 있는 대표적인 업체는 PLAGE LOISIR와 COLLEEN EXCURTION이 있으며, 보통 마지막 리턴 보트 시간은 16시 정도이다.

위치 앙스바타 해변
요금 Maitre Island(Escapade Island)의 경우 순수 이동시간은 15분. 권장하는 일정은 09:00 출발, 16:00 귀환. 최대 19명 탑승 가능하며 요금은 1인 2,900CFP정도이다.

누메아 시티투어 예시일정

- 앙스바타 비치에서 출발
- 우엠토로 언덕에서 소프트드링크를 마시며 전망 감상
- 산책과 조깅 장소로 유명한 Cote Blanche로 이동
- 오래된 건물들과 식민지풍 건물들이 많은 Faubourg Blanchot으로 이동
- Notre Dame de Pacific 전망대&F.O.L 전망대에서 차례로 누메아 시내 조망
- 바다와 만을 지나 시내로 귀환

Special 3

누메아의 유니크한 투어

평범함을 거부한다면, 누메아에서 아주 특별한 시간을 원한다면, 아래 소개되는 유니크한 투어에 관심을 가져보자.

선셋크루즈
가장 우아하게 석양을 즐길 수 있는 방법이다. 한 손에 칵테일 잔을 들고 수평선 너머로 지는 해를 바라보자. 2세 미만과 임산부는 참가가 불가하며, 계절에 따라 출발 시간은 상이하다.
소요시간 2시간 (오후 다섯시부터 7시까지)
요금 성인 15,000CFP (칵테일 포함)

일루미네이션&별 관측 투어
남십자성이 대표적인 남반구의 밤하늘을 관찰할 수 있다. 운이 좋으면 유성과 은하수를 볼 수도 있다. 최소 출발인원 2명.
소요시간 약 2시간 (오후 9시부터 11시까지)
요금 성인 1명 7,500CFP (호텔송영, 일본어 가이드, 밤하늘 관측, 기념촬영 사진 8매 CD 포함)

Nouméa
Shopping

면세점 쇼핑
Marlene (42 rue de l'Alma)는 시내에 위치한 면세점이다. 구매시 여권, 항공권을 제시해야 하며, 공항에서 물건을 픽업한다. 교환권과 영수증을 잘 챙겨야 한다. 면세점 규모가 작고 물건도 다양하지 않아 뉴칼레도니아에서 명품 쇼핑보다는 로컬마켓에서의 기념품 쇼핑이 더 합리적이다.

슈퍼마켓에서 장보기
누메아 전역에서 쉽게 만날 수 있는 체인형 슈퍼마켓 브랜드는 Casino, Carrefour 등이 있다. 보통 오후 8시경이면 문을 닫으며, 일요일에는 점심시간까지만 영업을 하는 편이다. 누메아에서 차량으로 약 8분이면 닿는 덤베아 지역에는 뉴칼레도니아에서 가장 큰 하이퍼슈퍼마켓(카르푸)도 자리하고 있다. 얌 1kg 1,000CFP, 만타 맥주 한 캔 150CFP, 구아바맛 초콜렛 950CFP, 니아올리맛 캔디 325CFP, 참치 캔 250CFP

Carrefour Kenu-In
위치 Kenu-In Shopping Mall, RP1, Nouméa.
문의 carrefour-kenuin.nc / +687 41 28 27

모닝마켓에서 쇼핑하기
아파트나 레지던스 숙소에 묵는다면 먹거리 쇼핑이 필요하다. 이때 가기 좋은 곳이 바로 모닝마켓이다.
푸른 타일 지붕 건물동이 5개 모여 있는 이 대규모 실내 시장에서는, 신선한 농산물·해산물뿐만 아니라 관광상품까지 한 눈에 구경할 수 있다. 여행자 입장에서는 현지사람들의 일상을 관찰할 수 있는 곳이기도 하다. 평일보다는 주말 방문을 추천하며, 오전 9시 이전에만 가면 활기찬 분위기를 느끼는 데 무리가 없다. 이른 아침식사는 시장 내 베이커리 카페에서 해결하면 좋다. 도너츠 90CFP, 카페오레 280CFP, 게 500g 5,000CFP, 파레오 12,000CFP, 수채화 기념엽서 400CFP
오픈 05:00~11:00경. 월요일 휴무 (카페는 무휴)
위치 51 Bis Rue Georges Clemenceau Port Moselle 코코테␣광장관광안내소로부터 도보 10분

프랑스 영토지만 뉴칼레도니아에서만 사용하는 화폐인 퍼시픽 프랑(CFP)을 사용한다. 따라서 미리 유로나 달러로 환전해 필요한 만큼 퍼시픽 프랑을 준비하는 것이 현명하다. 도시인 누메아라도 작은 규모의 숍이나 레스토랑들에서 현금만 받는 경우도 있으니 되도록이면 쇼핑시엔 현금을 준비한다. 누메아 시내 ATM에서 현금을 바로 인출할 수도 있다.

술.맥주.와인 구입하기

뉴칼레도니아에서 술을 구입할땐 요일을 잘 따져야 한다. 매주 월, 화, 목요일은 매장운영시간 내내 구매가 가능하나, 매주 수, 금, 토, 일요일은 오전 12시 이전에만 주류구매가 가능하다. 공휴일 전날 역시 12시 이전에만 가능하며, 공휴일에는 술판매가 아예 금지된다. 단, 호텔 레스토랑이나 바에선 술을 사 마실 수 있고 와인 전문숍에서 와인을 구매하는데는 이 룰이 적용되지 않는다. 뉴칼레도니아의 가장 대중적인 맥주 브랜드는 넘버원(Number 1), 만타(Manta)등으로 맥주 6개들이 가격이 우리 돈 6,000원~7,000원 정도로 저렴한 편이다. 관광객의 입장에서 다양한 주류를 편하게 구매할 수 있는 장소는 포트 프레장스에 위치한 카지노 슈퍼마켓이다.

라 부티크 La Boutique
라 부티크 (La Boutique)는 시내에 위치한 와인 전문점이다. 앙스바타 해변 대로 및 누바타 호텔과 가까운 곳에 라 부티크가 있다. 프랑스령인 만큼 프랑스산 와인을 보다 쉽고 경제적인 가격에 구할 수 있다는 장점이 있다. 대중적인 것부터 희귀한 와인까지 세계 각국의 와인이 갖춰져 있어 구경하는 것만으로 재미있다.
위치 2 bis rue Gabriel Laroque. Nouméa
오픈 월~토 09:00~12:30 15:00~20:30 일 9:00~12:30
문의 https://www.facebook.com/Le-Vin-Passion-La-boutique-195095627318114 / +687 28 38 21 / +687 84 80 10

Nouméa
Shopping

앙스바타 해변 쇼핑지역

앙스바타 해변엔 다양한 물건을 판매하는 숍들이 존재한다. 걸어다니면서 천천히 쇼핑과 미식을 즐길 수 있다. 힐튼 누메아 호텔 1층에 위치한 프롬나드쇼핑센터(Promenade Shopping Center)나 앙스바타 해변을 따라 위치한 숍들에서 기념품이나 선물 등을 구입하기 좋다.

quick tips!

구르망 빵집 L'Atelier Gourmand
누메아에서 가장 이름난 빵집이다. 바게트와 같은 식사용 빵부터 마카롱까지 다양한 빵을 취급하고 있으며, 훌륭한 맛에 비해 가격까지 저렴하다. 아침 일찍 일어나 갓 구운 빵을 한 입 물고 앙스바타 비치를 산책하는 행복은 그 무엇과도 비교할 수 없다. 누메아 힐튼 호텔 뒤쪽으로 조금만 들어가면 만날 수 있다. 미니크로와상 80CFP.
오픈 05:00~
위치 141 Route de l Anse Vata | Anse Vata, Nouméa
문의 +687 23 73 11

라 부와트 아 샤뽀 La Boîte à Chapeaux
일상에서 쓸 수 있는 중저가부터 전세계에서 수입한 아방가르드풍 고급품까지 다양한 모습과 가격대의 모자를 판매하는 곳이다. 모자 디자이너 주인장이 직접 만든 화려한 모자 구경이 쏠쏠한 재미다. 에콰도르 직수입 파마나 모자 15만원 등등
오픈 09:30~18:30
위치 125 promenade Roger Laroque
문의 https://www.facebook.com/LaBoiteAChapeaux/ +687 99 12 81

아모리노 Amorino
주말에는 줄이 늘어서는 앙스바타 인기 젤라또점이다. 엄선한 소재를 사용하여 향료나 착색료를 사용하지 않고 자연의 맛 그대로를 끌어낸 맛이 자꾸 먹어도 질리지 않는다. 컵 사이즈를 고르면 몇 종류든 들어가는 만큼 담을 수 있다. 젤라또를 장미 모양으로 담아주어 인기가 좋다. 미디움 사이즈 컵 750CFP, 마스카포네 아이스크림을 얹은 와플 1,050CFP
오픈 11:30~19:00(금, 토 ~23:00 일 ~20:00)
위치 27 Promenade Roger Laroque, Nouméa
문의 www.amorino.com

기타
초콜렛 모랑 Chocolats Morand
저울로 달아 파는 초콜렛, 케이크, 마카롱 등 프렌치 스타일의 수제 디저트들을 즐길 수 있는 곳이다. 쇼콜라티에 모랑 씨가 작업하는 광경도 볼 수 있다. 밀크쇼콜라크림 한 병 980CFP, 마카롱 6개 1,200CFP
위치 13 Rue Porcheron Moana Center Quartier Latin | Angle de la rue de Sebastopol & de la rue Porcheron, Nouméa, Grand Terre 98800, New Caledonia
문의 +687 27 31 77 / www.chocolatsmorand.nc

Special 4

뉴칼레도니아에서 꼭 구입해야할 필수 아이템

quick tips!

니아올리 에센스오일은 머스트 바이(MUST BUY)!
니아올리는 뉴칼레도니아에서 자라는 토착종으로 잎은 침형이고 꽃은 노란 색이 나는 나무다. 수피가 희고 종잇장처럼 여러겹으로 벗겨지므로 '페이퍼 바크트리'라고도 불린다. 뉴칼립투스와 향이 비슷하고, 공기청정, 호흡기 질환, 세균방지, 살균소독의 효과가 있다. 니아올리 오일은 머리를 맑게 하고 집중력을 강화시키며 활력을 더 해주어 아로마테라피 효과 중 최상급으로 꼽힌다. 많은 화장품 브랜드가 니아올리를 성분으로 한 향수나 오일을 출시하고 있다. 달팡의 니아올리 에센셜 오일은 지성이나 여드름 피부에 좋다고 알려져 있다.

비싼 샌달우드를 저렴하게 구할 수 있다는데?
백단향, 옛부터 귀중한 향기로 알려진 백단향은 향의 세계에선 없어서는 안될 존재다. 멸종위기라 점점 구하기 어려워지고 있는데 뉴칼레도니아에서는 많이 나고 있다. 아로마오일, 입욕제, 헤어, 스킨케어 제품, 비누, 향초 등을 구입해 오면 좋다. 1820년경 옛날에는, 중국에서 비싼 값에 팔린 덕분에 서양 무역상들에게 인기였다.

카페인이 적은 커피가 있다?
뉴칼레도니아의 커피는 희소가치가 있어 커피 매니아들 사이에 꼭 한 번 맛 보고 싶은 커피로 꼽힌다. 부르봉 뽀앵뛰(Bourbon Pointu)와 카페 르호와(Café Le Roy)는 세계적으로 유명한 뉴칼레도니아산 커피다. 카르푸 등 마트에 가면 뉴칼레도니아산 커피를 쉽게 구할 수 있다.

이곳의 전통 음악은 무엇일까? 궁금궁금!!
카네카(KANEKA)는 뉴칼레도니아 젊은이들이 민속 음악을 현대풍으로 재구성하여 그들의 일상과 감정들을 표현하고 있는 음악이다. CD 같은 품목은 여행지의 느낌을 일상에서 느껴볼 수 있는 좋은 기념품이 될 것이다.

프랑스니까 가능한 쇼핑 쇼핑!!
와인과 치즈 등 프랑스산 구어메 식품들을 저렴하고 쉽게 구할 수 있다. 물론, 화장품, 패브릭, 식기, 키친용품들도 MADE IN FRANCE 제품이다. 길거리에서, 약국에서, 슈퍼마켓에서 프랑스에 온 듯 쇼핑을 즐기자. 서버스푼과 포크 4,900CFP, 작은 새 모양의 소금 후추통 4,750CFP

Nouméa
Accommodation

누메아 르 메르디앙 Le Merdien Nouméa

누메아 유일의 5성 호텔로, 번화가 앙스바타 해변의 조용한 한 켠을 프라이빗 비치처럼 사용하고 있다. 207개 객실은 6개 카테고리로 나누어져 있는데, 모든 객실에 발코니가 있다는 것이 큰 장점이다. 덕분에 실내는 밝고 산뜻하며, 멋진 뷰(가든/라군/바다)도 감상할 수 있다. 부대시설 또한 다양하다. 야외 수영장, 피트니스 클럽, 스파 시설(Deep Nature Spa)은 기본, 무료 이용 가능한 키즈클럽, 레스토랑 4곳과 바 2개를 갖추고 있다. 호텔 안에 여행사가 입점해 있어 보다 폭 넓고 편리한 여행 예약이 가능하며, 근처에는 대형 카지노 시설이 있다. 누메아의 많은 호텔들과 달리 와이파이가 무제한이라는 점, 인기 방문지 '치바우 문화센터'가 투숙객 무료인 점 또한 체크할 만한 서비스다.

위치 Pointe Magnin, BP1915, Nouméa, 98846, New Caledonia
문의 +687 265000/ /www.lemeridiennoumea.com
요금 1박 20만원~ (호텔 부킹사이트 검색 기준, 2018년 8월 가격)

누메아 호텔은 아파트형 숙소가 많다. 호텔과 리조트들은 대부분 앙스바타 해변 주변에 모여있고, 이 지역에 머무르는 것이 이동, 투어 예약, 식사 등 여러 면에서 편리하다. 호텔이라도 와이파이를 제한적으로 제공하는 곳이 많아서 이점은 아쉽다.

샤또로얄 비치 리조트 앤 스파 Château Royal Beach Resort & Spa

르 메르디앙 누메아 옆, 앙스바타 해변에 위치한 4성급 호텔이다. 4개의 카테고리로 나뉘진 108개 객실은 1개 룸 타입 최소 45m^2, 2개 룸 타입 최소 68m^2로 널찍한 크기를 자랑하며, 전 객실에 거실과 키친, 발코니(1층 객실 제외)가 있다. 레스토랑과 3개의 바, 야외 수영장, 테니스 코트, 피트니스 센터, 공용 세탁실 등이 있으며 특히 아쿠아 로얄 스파(Aqua Royal Spa)는 수중 마사지 시설을 갖춘 300m^2 넓이의 풀이 매우 인상적이다. 와이파이는 1박 기준 250MB로 제한된다.

위치 140 Promenade Roger Laroque BP 18716, Nouméa, Grand Terre 988807, New Caledonia
문의 +687 296410 /www.complexechateauroyal.nc
요금 1박 20만원~ (호텔 부킹사이트 검색 기준, 2018년 8월 가격)

Nouméa
Accommodation

에스카파드 아일랜드 리조트 Escapade Island Resort

뉴칼레도니아의 유일한 수상방갈로인 에스카파드 아일랜드 리조트는 '꽃보다 남자'라는 드라마에 나오면서 일명 '구준표 리조트'라는 애칭으로 널리 알려지기 시작했다. 누메아의 유명한 건축가인 윌리포쉐롱에 의해 디자인되었고, 뉴칼레도니아 최대 리조트 그룹인 GLP그룹의 최상의 객실로 뉴칼레도니아에서는 유일하게 수상방갈로 객실을 보유하고 있는 리조트다. 1박 숙박요금은 뉴칼레도니아에서도 가장 높은 수준이다. 에스카파드 아일랜드 리조트는 새벽시장 옆 모젤항 선착장에서 리조트 소유의 전용 보트를 직접 운영하고 있으며, 보트 운영시간에 맞춰 리조트로 이동이 가능하므로 이곳에서 숙박을 계획하는 경우엔 이동 동선과 시간에 대해 정확하게 알아봐야 한다. 특히 예약시 정확한 셔트보트의 탑승시간을 지정해야 하기 때문에 예약과 동시에 트랜스퍼를 리조트에서 알아서 예약해주는 몰디브와는 다른 시스템으로 운영되고 있음에 주의해야 한다. 모젤항에서 약 20분정도 거리에 있는 메트르 섬에 위치해 있으며, 평일에는 오전/오후에 약 2번 정도씩 셔틀보트가 운영된다. 금,토,일요일과 공휴일은 추가적으로 셔틀보트가 운영된다.

위치 Ilot Maître - BP 4918 - 98 847 Nouméa Cedex New Caledonia
문의 +687 28 53 20 / www.glphotels.nc/escapade-ilot-maitre-en.html
요금 1박 20만원~ (호텔 부킹사이트 검색 기준, 2018년 11월 가격)

힐튼 누메아 라 프롬나드 레지던스 Hilton Nouméa La Promenade Residences

누메아의 앙스바타 해변의 중앙부에 위치한 힐튼 누메아 라 프롬나드 레지던스는 Serviced Apartment 형식의 총 세 동의 건물[1.알리제(바람), 2. 바농(나무), 3.코랄(산호)로 이루어져 있다. 스튜디오 타입의 객실부터 1베드에서 3베드 아파트먼트에 이르기까지 패밀리/커플/비즈니스 고객 객실과 서비스를 제공하고 있다. 앙스바타에 위치해 있어 레스토랑이나 관광지의 접근이 용이하며, 특히 레지던스 앞 광장을 주변으로 하여 레스토랑, 인테리어 숍, 커피숍, 아이스크림 가게등이 몰집해 있어 굳이 다른 곳을 나갈 필요가 없을 정도로 이용이 편리하다. 객실 청소는 매일 이루어지며, 침대시트의 경우 3일에 한번씩 이루어진다. 다만 장기투숙을 할 경우에는 예약 조건에 따라 객실청소 조건이 달라질 수 있다. 또한 라프롬나드 1층, 말롱고 카페 옆에는 한국인 직원이 있는 현지 여행사인 South Pacific Tours의 사무실이 위치해 있어, 익스커션 상담과 예약도 용이하다. (운영시간 9:00~12:00 & 15:00~19:00)

위치 109 Prom. Roger Laroque, Nouméa 98807 New Caledonia
문의 +687 244600 / www3.hilton.com/en/hotels/new-caledonia-french/hilton-noumea-la-promenade-residences-NOULPHI/index.html
요금 1박 18만원~ (호텔 부킹사이트 검색 기준, 2018년 11월 가격)

Nouméa
Accommodation

르 라곤 Le Lagon
비교적 경제적인 가격으로 앙스바타 지역에서 묵을 수 있는 3성 호텔. 앙스바타 해변까지는 도보 10분 이내로 닿을 수 있으며, 식당과 숍들, 크고 작은 슈퍼마켓 등 각종 편의시설과 즐길 거리 또한 지척에 위치해 있다. 전 객실 테라스가 구비된 깔끔한 객실은 취사시설도 갖추고 있다. 피트니스 센터, 야외 수영장, 사우나, 컴퓨터 등 무료 이용 가능한 부대시설 또한 다양하다. 수상 스포츠 기구(카약, 패들보트, 윈드서핑)와 테니스장 또한 제한된 시간 동안 무료 이용 가능하다. 단, 스파 시설은 유료이며 와이파이는 250MB로 제한돼 있다.

위치 149, route de l'Anse Vata BP 440 98845 Nouméa Nouvelle-Calédonie
문의 +687 261 255 / resa@lelagon.nc / www.lelagon.nc
요금 1박 14만원~ (호텔 부킹사이트 검색 기준, 2018년 8월 가격)

누바타 호텔 Nouvata

앙스바타 해변 바로 앞에 위치한 3성 호텔이다. 300개 객실의 대규모 호텔동이 '디귿자' 모양으로 중정을 둘러싸고 있으며, 중정에는 레스토랑, 야외 수영장과 작은 상점들이 들어서 있다. 호텔 객실은 Le Pacific(舊 Standard), Le Nouvata(舊 Comfort), and Le Parc(舊 Premium) 3개 카테고리로 나뉘는데, 취사시설이 모두 구비되어 있다. 대형 원형 욕조시설이 특징적이며 내부 인테리어는 미니멀하고 깔끔하다. 와이파이는 250MB로 제한돼 있다. 매주 금요일 저녁 7시엔 L'equilibre 레스토랑에서 씨푸드 뷔페와 타히티안 댄스 쇼를 감상할 수 있다. 1인 8,000CFP (10세 이하는 반액).

위치 123 Promenade Roger Laroque, Nouméa, 98800, New Caledonia
문의 +687 26 22 00 / resa@nouvata.nc / www.nouvata.nc
요금 1박 9만원~ (호텔 부킹사이트 검색 기준, 2018년 8월 가격)

카사 델 솔 Casa del Sole

비교적 적은 예산으로도 최적의 위치에서 뉴칼레도니아의 매력을 즐길 수 있는 3성급 레지던스 호텔이다. 호텔은 식당과 바, 상점들이 몰려 있는 시트롱 만 바로 앞에 위치해 있으며, 룸 1개 타입과 2개 타입으로 나뉜 아파트와 10명까지 숙박 가능한 도미토리로 구성된다. 62m² 규모의 넓은 아파트형 객실은 탁 트인 전망(sea/city)을 즐길 수 있는 테라스와 취사시설과 세탁시설을 갖추고 있다. 부대시설 및 기타 서비스는 간략한 편. 야외 수영장을 갖추고 있으며, 아침은 간단한 프렌치식으로 제공되며, 와이파이는 250MB로 제한된다.

위치 10 Route de l'aquarium Baie des Citrons 98 800 Nouméa Nouvelle-Calédonie
문의 +687 25 87 00 / resa@casadelsole.nc / www.casadelsole.nc
요금 1박 13만원~ (호텔 부킹사이트 검색 기준, 2018년 8월 가격)

누메아 나이트라이프 (BAR)

뉴칼레도니아는 치안이 좋아서 밤 늦게까지 놀아도 문제가 없다. 관광객 입장에도 개방적이니, 일단은 거리를 걸으며 분위기를 살피다가 분위기에 맞는 곳을 찾아 들어가면 된다. 나이트라이프를 즐길 수 있는 가게들이 특히 밀집해 있는 곳은 시트롱만 인근이다. 앙스바타 지역의 카지노나 바도 구경할 만 하다.

MV Lounge
밤이 되면 라이트업되는 시트롱만비치 끝에 자리하고 있다. 해안 옆에는 테라스석이 자리하고 있고, 플로어와 테라스를 바 카운터가 구역 짓고 있다. 별도로 마련된 소파스페이스에는 카리브에서 가져온 럼주전용 카운터가 자리하고 있는 등, 비교적 차분하게 어른스러운 분위기를 만끽할 수 있다. 월 3회 가량 이벤트도 열린다. 피냐콜라다 1,500CFP
위치 22 Rue Jules Garnier Baie des Citrons 시트롱만쇼핑센터에서 도보 10분
문의 https://www.facebook.com/mvloungenoumea/ +687 27 46 46
오픈 16:00~03:00. 일, 월 및 비정기적으로 휴무.

Bodega del Mar
누메아에서 모르는 사람이 없을 정도인 곳으로, 투우를 이미지한 점포 디자인과 스테인드글라스가 빛나는 바 카운터가 눈길을 끈다. 국내외의 유명 아티스트가 빈번하게 라이브공연을 하는데, 공연을 할 때면 테이블을 모두 밀어 스테이지를 만드는 화끈한 분위기를 자랑한다. 다양한 타파스 1,000CFP 미만, 칵테일 평균 1,200CFP.
위치 134 Promenade Roger Laroque Val Plaisance 앙스바타 관광객안내소에서 도보 5분
문의 https://www.facebook.com/bodega.delmar/ , http://www.bodega.nc/www/ +687 26 11 53
오픈 17:00~02:00(토요일은 ~04:00, 일 월 휴무)

L'Endroit
테이블석에서는 커다란 창문으로부터 상쾌한 해풍이 들어오고, 야외테라스에서는 선셋을 보면서 칵테일 한 잔을 마실 수 있다. 다트나 당구대가 놓여 있으니 현지인들과 가벼운 대결을 해 보는 건 어떨까. 주인장이 직접 DJ를 맡아 주 1~2회 이벤트도 열린다. 칵테일 1,000CFP (모히토 1,400CFP), 생맥주 600CFP
위치 22 Rue Jules Garnier Baie des Citrons 시트롱만 쇼핑센터에서 도보 10분
문의 https://www.facebook.com/lendroitnoumea/ +687 26 28 11
오픈 15:00~04:00 월 휴무

La Barca
바와 클럽 밀집지역인 시트롱만 쇼핑센터 1층에 자리하고 있으며, 커다란 간판이 눈길을 끈다. 레스토랑도 겸하고 있어 제대로된 타파스를 맛볼 수 있다는 것이 큰 장점이다. 여러 장르를 넘나드는 라이브 공연이 개최되며, 테라스 테이블이 많아서 남국의 밤공기를 즐기기에 좋다.
칵테일 1,000CFP~, 타파스세트 3,450CFP
위치 시트롱만 쇼핑센터 1층
문의 https://www.facebook.com/La-Barca-Noumea-506190522749625/, www.passtime.fr , +687 28 15 40
오픈 07:00~02:00 연중무휴

Special 6

누메아 추천 스파

뉴칼레도니아 각지의 호텔에서 스파를 흔히 즐길 수 있으나, 수도 누메아에서는 보다 전문적인 고급 스파를 즐길 수 있다는 장점이 있다. 예약을 권장하며, 두 명이 함께 받을 것이라면 미리 언급하는 편이 좋다. 늦는 만큼 이용시간이 차감되므로 준비시간을 감안하여 예약시간보다 10분 이상 일찍 도착하도록 하자. 예약 시 취소규정을 확인하는 것 또한 중요하다.

Deep Nature Spa Nouméa

르 메르디앙 호텔(Le Meridien Nouméa Resort&Spa) 부지 내 자리한, 심해가 모티브인 스파시설이다. 해양심층수와 마린 코스메틱인 ALGOTHERM을 사용하며, 바다 옆에 자리하고 있어서 파도소리를 들으며 에스테틱을 즐기다 보면 저절로 치유되는 느낌이다. 다양한 프로그램 중 미성년용 마사지도 갖춰져 있는 점이 눈길을 끈다. 반나절 스파 입장권 4,200CFP(방문객)/3,000(투숙객), 페이셜 트리트먼트 45분 9,300CFP, 6~16세 25분 3,900~11,000CFP, 12~16세 45분 7,400CFP

위치 르 메르디앙 누메아 호텔
문의 +687 26 51 04
오픈 08:45~19:00

Aqua Royal Spa

샤또로얄 호텔(Château Royal Beach Reort&Spa)에 자리한 스파숍으로 소금·머드·꽃 등 자연재료를 사용하는 에스테틱메뉴가 특징이다. 사용 제품은 Thermes Marin de Saint-Malo이며, TWG 티와 매혹적인 향의 ECOYA HOME 아로마캔들도 힐링을 돕는다. 특이 시설로는 아쿠아 자전거나 젯트 버블존이 갖춰진 아쿠아 토닉풀이 있다. 최소 24시간 전 예약 취소하지 않으면 위약금 100%가 발생하니 주의할 것. 사우나와 터키탕이 포함된 아쿠아토닉 코스 3,800CFP, 페이셜 트리트먼트 45분 8,800CFP, 바닷소금·머드·씨페넬 등을 사용한 2시간 25분 코스 28,400CFP

위치 Nouméa 140 Promenade Roger Laroque 98800 Nouméa
문의 http://www.complexechateauroyal.nc +687 29 64 44
오픈 월~금 08:00~20:00 토 08:00~18:00 일 09:00~18:00 크리스마스와 신년 휴무.

Le Lagon Spa

앙스바타 비치와 가까운 르 라군 호텔(Hotel Le Lagon) 내부 스파숍이다. 맛사지부터 메이크업까지 토탈뷰티가 가능한 살롱이다. 캔들, 코코넛, 조개등의 자연물과 니아올리 등 아로마 오일을 사용한 다양한 스파메뉴가 갖춰져 있어 방문가치가 충분하다. 모든 트리트먼트는 기계를 사용하지 않고 자연스러운 방법으로 제공된다. 방부제와 파라벤이 함유되지 않는 천연 화장품을 사용한다. 사우나 20분 3,700CFP 메이크업 4,600/5,900CFP(Day 30분/ Night 45분), 조개껍질을 사용한 핫쉘마사지 9,900CFP/12,900CFP(1시간/1시간 30분)

위치 149 route de l'Anse Vata 98800 Nouméa - Nouvelle-Calédonie
문의 http://www.lelagon.nc +687 26 12 55
오픈 09:00~19:45

Nouméa
Dining

스톤 그릴 Stone Grill
누메아 현지인들뿐만 아니라 관광객에게 가장 인기 있는 스테이크 전문점. 원산지(뉴칼레도니아/뉴질랜드/호주)와 소스, 가니쉬 두 가지를 고르면 뜨겁게 달궈진 두꺼운 돌판 위에 얹은 고기를 빠르게 서빙 된다. 해산물 메뉴도 가능.

위치 113 Promenade Roger Laroque | Anse Vata, Nouméa, Grand Terre 98800, New Caledonia
문의 +687 240324
요금 뉴칼레도니아산 스테이크 가격 1,950CFP 이상 / South Pacific Tours社 식사쿠폰 시 2,300CFP (1스타식당)

카카오 삼파카 Cacao Sampaka
푸아그라, 송아지 필렛, 크렘브륄레 등의 메뉴를 제공하는 프렌치 레스토랑. 시트롱 만 바로 앞에 위치하고 있어, 바다 바람을 즐기며 식사할 수 있다.

위치 33 Promenade Roger Laroque, Complexe de la Baie des Citrons, Nouméa 98800 New Caledonia
문의 +687 264546
요금 메인 단품 가격 2,500CFP 이상 /South Pacific Tours社 식사쿠폰 시 4,300CFP (1스타식당)

미식여행의 시작은 역시 누메아다. 누메아엔 150여 개의 다양한 식당들이 있어 인도네시아, 중국, 이탈리아, 멕시코, 일본, 베트남, 스페인, 아프리카 등 여러 문화의 전통 또는 퓨전 음식들을 골고루 맛볼 수 있다.

르 루프 Le Roof

앙스바타 해변을 지나다 보면 단연 눈길을 끄는 수상 레스토랑으로, 실내 어디에서나 바다를 볼수 있다. 내외관 뿐만 아니라 요리도 훌륭해 멋진 프렌치 미식을 경험할 수 있다. 레스토랑 주변에는 돌고래와 빨판 상어 등이 상시 출현하여 즐거움을 더한다.
위치 134, Promenade Roger Laroque, Nouméa 98800 New Caledonia
문의 +687 250700
요금 단품보다는 세트메뉴로 식사하는 것이 경제적이다. (단품 메인 4,000CFP 이상, 아뮤즈부쉬~디저트, 샴페인이 포함된 풀코스 세트 메뉴 15,000CFP)

그랑드 뮤라이 Le Grand Muraille

현지인들에게도 인기인 관동식 중식당. 샤토 로얄 호텔에서 카지노 방향으로 돌면 바로 보인다.
일요일 밤과 월요일 휴무, 매일 13시~19시는 브레이크타임.
위치 Promenade Pierre Vernier, Nouméa, New Caledonia
문의 +687 261328
요금 메인 단품가격 2,000CFP 내외, South Pacific Tours社 식사쿠폰 시 4,300CFP (1스타식당)

Nouméa
Dining

림바 주스 Rimba Juice
화려하고 독특한 인테리어로 눈길을 끄는 앙스바타 비치의 수제 햄버거 가게. 핫도그나 파니니등, 보다 간단한 스낵류도 판매한다.

위치 117 Avenue Roger Laroque, Anse Vata | BP8077, Nouméa, Grand Terre 98807, New Caledonia
문의 +687 261177
요금 햄버거 1,000CFP 내외

음료는 먼저 주문하세요!
물, 스파클링 워터나 음료, 술은 착석하자 마자 바로 주문을 받는다. 음료를 천천히 즐기며 음식 메뉴를 고른다. 식당은 대부분 11.30am to 2.30pm 그리고 7.00pm to 11.00pm까지 문을 연다.

피자&파스타 Pizza&Pasta
힐튼 호텔 주변 상점을 둘러보다가 들르기 좋은 식당. 피자와 파스타 외, 다양한 이탈리안 메뉴를 맛볼 수 있다. 야트막한 언덕 위에서 앙스바타 비치를 바라보며 식사할 수 있는 것이 장점.

위치 107 Prom. Roger Laroque, Nouméa 98800, New Caledonia
문의 +687 243070
요금 피자/파스타 2,500CFP 내외

쇼군 The Shogun
단품 스시부터 사시미, 가이세키 요리까지 즐길 수 있는 일식당. 르 메르디앙 호텔 내에 위치하고 있다. 수요일 런치 휴무

위치 Le Meridien Hotel | Point Magnin BP 8293, Nouméa, Grand Terre 98800, New Caledonia
문의 +687 265105
요금 스시 단품 700CFP 이상, 사시미 2,000CFP 내외, 가이세키 세트 3,885/6,300CFP

South Pacific Tours社 식사쿠폰 사용 시 1인 7,800CFP (2스타식당)

타파스 라쥴리 Tapas Lazuli

프랑스 영토의 재패니즈 레스토랑이지만 본토에 온것 같은 맛과 분위기를 느낄 수 있는 누메아의 신규 일식당이다. 영어, 불어, 일본어가 가능한 친절한 주인과 스탭들이 편안한 분위기를 만들어 준다. 좋은 재료로 건강하고 프레시한 느낌의 식사를 즐길 수 있는데 그 중 미소된장국, 테판야끼, 사시미 등의 익숙한 맛의 일식을 즐길 수 있다. 맛에 대한 총평이 비교적 좋은 편이며 특히 신선한 새우로 만든 새우뎀뿌라는 추천메뉴다. 평소 일식을 좋아하고 신선한 해산물을 먹고 싶다면 꼭 가야할 레스토랑이다.

위치 Hotel Le Nouvata Parc. Anse vata 98800, Nouméa, 98800, New Caledonia
문의 +687 261870
요금 디저트 980CFP~, 9피스 스시 3,000CFP 참치아보카도마끼 1,780CFP, 테판야끼 2,900CFP
운영시간 오전 11:30~오후 2:00, 오후 6:00~오후 10:00, 화요일 휴무

Nouméa
Dining

quick tips!

식사쿠폰 사용 법
현지에서 (누메아 앙스바타 소재 사우스퍼시픽 투어스 사무소) 판매하는 식사 쿠폰을 활용하면 인기 레스토랑의 코스 요리를 저렴하게 이용할 수 있다. 식사 쿠폰 대상 식당은 1스타와 2스타로 등급이 나뉘며, 이에 따라 쿠폰가격은 각각 1인 4,300CFP와 7,800CFP로 상이하다(단, 스톤그릴은 2,300CFP). 메뉴는 미리 정해져 있으며, 추가지불 시 기재돼 있는 메뉴 외에도 주문 가능하다. (문의: 02-566-3612)

테이블 매너

1. 안내 받기
레스토랑에 들어가면 직원이 좌석 안내를 해 줄 때까지 기다린다. 보통 예약 여부와 이름, 명수를 확인한 후 자리를 내어준다.

2. 직원을 호출하고 싶을 때
직원을 부를 때 큰 소리를 내거나 손을 드는 것은 예의에 어긋난다. 시간이 걸리더라도 눈을 마주칠 때까지 여유를 가지고 기다리도록 한다.

3. 음료 먼저, 그 다음 음식 주문
프랑스에선 음식 주문 전 음료 주문을 먼저 받는다. 음료를 즐기며 음식을 천천히 골라도 된다. 메뉴를 펼쳐두거나 계속 보고 있으면 메뉴선택을 하지 못한 줄 알고 직원이 안 오는 경우가 있으니 골랐으면 메뉴판을 덮고 기다린다. 직원이 오면 다시 열어서 손으로 고르면 된다.

4. 1인 1음식(또는 음료)를 시킨다.
코스가 부담스럽다면 최소 인당 전채 1개, 본식 1개 또는 본식 1개, 커피 1개 이런 식으로 주문한다. 우리처럼 샐러드나 디저트를 여러 명이 나누어 먹는 문화가 없다.

5. 식사 중엔 엑스표, 마치면 가지런히
포크와 나이프를 가지런히 두면 식사가 끝난 줄 알고 거두어 가는 경우가 있다. 식사 중이라면 포크와 나이프를 접시 위에 엑스자 형태로 걸쳐두고, 마치면 4시 방향으로 나란히 놓으면 된다. 이 때 포크의 끝은 아래로, 나이프의 날은 안으로 놓아둔다.

6. 계산은 자리에서 한다.
계산서를 받고 싶으면 직원이 왔을 때 L'addition s'il vous plaît(라디씨옹 씰부쁠레)라고 하면 된다. 팁이 '의무사항'은 아니다.

★ 저녁엔 캐주얼 스마트로 입고 나가는 것이 좋으며 모든 식당은 예약을 하는 편이 좋다.

요트 디너 크루즈

별이 총총한 하늘 아래, 요트를 타고 해상 BBQ 등을 즐길 수 있는 럭셔리 프로그램이다. 최소인원 4명이 되어야 출발 가능하며, 2살 미만의 영아나 임신부는 참가가 불가능하다. 집합장소는 투숙하는 호텔 로비로, 소요시간은 약 3시간이다. 영어/프랑스어를 사용하는 드라이버가 동행한다.

요금 성인 1인 16,300CFP, 어린이 8,600CFP.
왕복 교통비, BBQ 디너, 글래스와인, 커피/차,
운행비 포함.
문의 https://spt-newcaledonia.com/ 누메아의 르 메르디앙/힐튼 호텔 내에 해당 여행사의 안내 데스크가 자리한다.

16:30	호텔 출발. 항구에 도착하여 크루즈 탑승. 식사 진행
19:30	호텔 귀환

Special 7

뉴칼레도니아에서 꼭 경험해야 할 음식들

뉴칼레도니아 방문자라면 꼭 먹어봐야 할 음식들엔 무엇이 있을까? 다양한 미식을 즐기려면 누메아, 부냐 같은 향토음식을 즐기기엔 섬 여행을 갈 때가 적기다.

해산물 요리
남태평양의 깊은 바다에서 수확한 풍부한 해산물들(문어, 조개, 새우 그리고 깊은 바다에서 잡히는 다양한 어종)을 맛볼 기회다.

달팽이 요리
일데뺑의 달팽이는 크기가 크고 숲 속에서 자라며 현지인들이 양식으로 하기도 한다. 이 특별한 달팽이는 일데뺑의 특산품이니 꼭 주문해 볼 것.

부냐
멜라네시안 전통음식으로 뉴칼레도니아 전역 호텔 등에서 쉽게 만나볼 수 있다. 육류 재료에 따라 치킨/피쉬/로브스터/비프 부냐 등으로 나뉘며 코코넛 밀크와 더불어 얌, 감자, 고구마, 카사바 등 여러 종류의 뿌리채소를 바나나 잎으로 잘 싸 익히는 요리다. 만드는 방법과 크기에 따라 조리시간이 달라지는데, 땅 밑에 넣고 뜨거운 돌로 익히는 전통적인 방식은 하루가 꼬박 필요하지만 냄비에 찌면 약 4시간 정도가 소요된다. 어느 쪽이든 긴 시간이 필요한 요리이기 때문에 예약은 필수다.

부냐
부냐의 가격은 가격은 식사 장소와 재료에 따라 천차만별이다.
일데뺑 르 메르디앙(2인분) : 치킨 8,430CFP, 생선 7,650 / 9,460CFP, 랍스터 15,190CFP, 비프 립 스테이크 6,900CFP (24시간 이전 미리 주문 요망)

특이한 요리
식용 과일박쥐 스튜요리는 현지인들에게 매우 인기 있는 음식 중 하나다. Civet de Rousette(bat stew), 가시굴 또는 맹그로브 오이스터 요리 Small Mangrove Oysters (huitres de paletuviers)
해산물이 가득 들어간 크림소스 패스트리 a pastry filled with seafood and cream sauce (vol-au-vent aux fruits de mer) 등이 특이한 요리다. 가정식 요리점인 타블르도트(table d'hôtes)에서 사슴고기, 멧돼지고기, 코코넛크랩, 생선 등의 이색요리들에 도전해 볼 수 있다.
추천할 수 있는 타블르도트들의 리스트는 다음과 같다.
Chez Mamie Fogliani
(+687 432314)
Tribu de de Unio-Katricoin
(+687 469856, Mob +687 928499)

Special 8

뉴칼레도니아에서의 다이닝 조언

이것만 기억하면 뉴칼레도니아의 여행 고수!!
즐거운 여행의 시작과 끝은 '음식'이 8할 이상이다.

빵, 패스트리, 불랑제리에서 완벽한 프렌치 스타일의 디저트를 즐겨라.
마카롱, 에클레어, 쵸콜릿 등의 디저트와 홈메이드 스타일의 수제 쵸콜릿 등을 유명한 쵸콜라티에 패트릭 모랑(Patrick Morand)에서 즐길 수 있다.

현지생산 아이템에 집중하라.
예를 들면 니아올리가 들어간 잼, 꿀, 과일, 너트 종류. 그리고 니아올리 꿀, 블랙우드리커, 사슴소시지, 현지에서 만든 피클(achard) 등을 쇼핑하라.

푸드페스티발 기간이라면
푸드페스티발과 여행기간이 겹친다면 당신은 운이 좋은 사람이다. 가장 큰 음식 축제는 매년 9월에 열리는 New Caledonia's Gastronomy Festival다. 4월엔 Giant Omelette Festival, 5월엔 Avocado Festival, 6월엔 French Cheese Festival 등이 열린다.

본격적인 프렌치 다이닝을 경험해라.
누메아의 프렌치 레스토랑은 합리적인 가격과 푸짐한 양이 매력적이다. 푸와그라, 송로버섯, 에스카르고, 스테이크, 랍스터 등의 고급 식재료를 배가 부르도록 마음껏 먹어 볼 수 있는 기회이기도 하다.

피크닉 DIY에 도전한다.
현지의 베이커리, 델리숍, 슈퍼마켓, 길거리 상인들을 통해 신선하고 질 좋은 식재료를 구하기 쉽다. 좋은 가격으로 프랑스 치즈와 와인, 파떼, 테린, 프와그라 등을 구입해 마음껏 즐길 수 있는 기회다.

분위기 있는 선셋 칵테일을 음미하라.
앙스바타나 시트롱 베이 부근엔 라이브 뮤직과 일몰을 즐기며 분위기를 즐길 만한 곳들이 다양하다. 디너 후 기분이 좋다면 MV라운지나 La Bodega del Mar 같은 곳으로 이동해 댄스타임을 이어가도 좋다.

술 구입은 이렇게
슈퍼마켓에서 술을 살때 꼭 기억해야 할 것은 공휴일과 공휴일 전날 그리고 금, 토, 일에는 술을 구입할 수 없다는 점이다. 단 오전 12시 이전 또는 저녁 9시 이후에는 가능하다.
(공휴일 전날은 정오 이후 술 판매 금지)
물론 호텔 레스토랑이나 바에선 언제나 술을 사 마실 수 있다. 와인 전문숍에서 와인을 구매하는데는 이 룰이 적용되지 않는다.

수돗물은 마셔도 OK
수돗물은 마셔도 안전하다. 누메아 남부에 위치한 몽도르(Mont-Dore), 돌 산의 물은 약수로 유명해 지역 사람들이 물통을 가지고 와 물을 퍼가는 모습을 볼 수 있다. 몽도르 생수는 슈퍼마켓에서 구입할 수도 있다.

Nouméa
Activities

해양스포츠
누메아 해변이나 인근 섬에서 다양한 해양스포츠를 즐길 수 있다. 바람이 없는 오전 중에는 수영이나 스노클링을 추천하며, 무역풍이 부는 오후엔 윈드서핑이나 카이트 서핑 타기에 좋다. 호텔에 따라 무료로 물놀이 기어를 빌려주는 경우도 있으니 꼭 체크해 보자.

스노클링 가장 쉽고 편한 방법으로 세계유산 바다를 만날 수 있는 방법이다. 라군에 둘러싸여 파도도 조용한 뉴칼레도니아는 스노클링의 천국이다. 무인도 부근은 투명도가 더욱 높아 날씨가 좋은 때면 수중에서 40m 전방까지 시야가 확보된다. 누메아에서는 시트롱만이나 오리섬, 메트로섬 등이 스노클링으로 유명하다. 무인도 스노쿨링 3명 이상 약 2시간 30분 8,500CFP

다이빙 뉴칼레도니아에는 수준에 따라 즐길 수 있는 다이빙 포인트가 많다. 작은 생물부터 해우, 나폴레옹, 가오리처럼 큰 생물까지 다양한 생물체를 관찰할 수 있다. 누메아에서 출발하는 다이빙 투어를 신청하면 된다. 보통 7시에 호텔에서 픽업해 보트를 타고 먼 바다로 나가며, 세 번의 다이빙을 하고 호텔에 오후 3시에서 4시 사이에 도착하는 것이 일반적이다. 메트로 섬 출발 다이빙 체험 약 15,000CFP, 누메아 출발 다이빙 체험 약 13,000CFP

스탠드업 패들 서핑 보드에 서서 노를 젓는 스포츠로, 테크닉이 필요하지 않기 때문에 초보자들에게도 적합하다. 기구렌탈비 약 2,000CFP(30분), 레슨비 약 4,000CFP(30분)

젯트스키 메트로섬 등에서 탑승 가능하다. 면허 없이도 즐길 수 있다.
2인 탑승 렌탈비 약 9,000CFP(30분), 2인 레슨비 약 13,000CFP(30분)

윈드서핑 요령만 알면 하루 만에 배우기도 하는 스포츠인데다, 렌탈하는 가게의 스텝이 친절하게 타는 법을 알려준다. 렌탈비 약 1,500CFP(60분), 레슨비 약 3,300CFP(60분)

카이트 서핑 세계대회가 개최될 정도로 뉴칼레도니아에서 카이트 서핑은 메이저 스포츠다. 보는 것만으로 즐겁지만 용기를 내어 꼭 한 번 도전해 보자. 개인레슨비 약 9,500CFP(60분) 그룹레슨 약 16,500CFP(50분)

해양스포츠 추천업체

MD Plaisirs
위치 2 rue du Luxembourg, 앙스바타 관광안내소에서 도보 5분
오픈 08:30~16:00
요금 카약 2인용 약 2,000CFP(60분), 사탠드업패들 1,300CFP(60분)
문의 https://www.facebook.com/MD-Plaisirs-460817360637034 / +687 76 59 09

Alize
위치 Marine Port du Baie de l'Orphelinat, Nouméa
오픈 예약시간
요금 프렌치 중식이 포함된 입문자 다이빙 1인 1일 12,000CFP, 반나절 개인강습 52,500CFP
문의 http://www.alizedive.com/eng/ +687 26 25 85

Kitesurf Attitude
위치 1, rue Edouard Glasser, 98800 Nouméa
오픈 월~토 09:00~12:00/15~18:30
요금 카이트서핑 개인레슨 1인 9,500CFP(1시간)/그룹레슨 16,500CFP(5시간), 웨이크보드레슨 4,900CFP(16분)
문의 http://kitesurfnoumea.nc/en/ +687 78 27 69/ +687 28 90 69

헬리콥터 투어
누메아 상공을 누비며 광대한 파노라마를 만끽할 수 있는 투어다. 르 메르디앙 누메아 호텔 투숙자의 경우 동 호텔에서 출발하는 것도 가능하다. 투어 시간은 약 30분으로, 기후에 따라 달라질 수 있으며 최소 출발인원은 2명이다. 탑승 시 파일럿이 영어로 가이드를 진행하며, 어린이는 참가하는 것이 불가능 하다. 여권은 필요하지 않으며 예약 및 몸무게 고지는 필수다. 요금 성인 1인 약 28,000CFP. 호텔 송영비 포함

South Pacific Tours New Caledonia
문의 https://spt-newcaledonia.com/ 누메아의 르 메르디앙/힐튼 호텔 내에 해당 여행사의 안내 데스크가 자리하고 있음.

골프
뉴칼레도니아에는 18홀의 경치 좋은 골프장이 3개가 있다. 광대한 부지를 선호한다면 데바지역의 데바 리조트 앤 스파(Sheraton New Caledonia Deva Resort&Spa)를 추천하지만 뉴칼레도니아의 아름다운 자연은 어느 골프장에서나 빛난다. 어디든 남성 반바지 불가 등 복장 규정이 있으며, 골프슈즈 렌탈은 불가하다. 누메아에서 가장 가까운 골프장은 티나 골프장이다.

티나 골프장 Tina Golf
정교한 샷을 요구하는 코스로 조성된 것이 특징인 누메아 시내에 위치한 골프장이다. 위풍당당한 치바우 문화센터와 아주 가까우며 18홀 72파 5,600m의 규모로 짧지만 난이도가 높다. 바다, 라군, 맹그로브 습지대가 보이는 절경과 무역풍을 즐길 수 있는 골프장으로 손꼽힌다.
위치 Rue du Golf de Tina, Nouméa 코코티에 광장에서 차량 15분
문의 https://www.tinagolf.nc/ +687 43 82 83

누메아의 유명 해변들

누메아의 대표 해변은 앙스바타다. 관광지로서 뿐만 아니라 해양 스포츠를 즐기기에도, 야자수 나무 아래서 쾌적한 산책을 하기에도 좋다. 호텔과 리조트들이 줄지어 있으며 식당, 펍, 카지노, 바 등의 편의시설과 관광 사무소들도 위치한다. 관광객이 머물기 좋은 앙스바타 외에도 유명한 해변들은 많다.

리조트가 밀집해 있는 센터, 앙스바타 비치
현지인에게는 여유로운 산책 및 수중스포츠를 즐길 수 있는 장소이고, 관광객에게는 주요 호텔과 이름난 식당, 여러 쇼핑상점들이 모여 있는 관광의 중심지이다. 모젤항과 더불어 근교 섬 여행을 떠날 수 있는 선박교통 중심지이기도 하다.

현지인들이 사랑하는 시트롱만 비치
낮에는 한적하지만 밤이면 들썩이는 누메아 나이트라이프의 중심지다. 시트롱이란 프랑스어로 레몬이라는 의미로, 아주 옛날 이 비치에 레몬나무가 우거져 있었던 데에서 이름이 유래되었다고 한다. 현지인들 사이에서 인기가 좋은 해변이다.

고즈넉한 현지인들의 쿠엔두 비치, 생마리 비치
도심에서 10분 거리에 있는 아담한 쿠엔두 비치는 화이트샌드와 쿠엔두 리조트로 유명하다. 이 리조트는 특히 수중 미끄럼틀로 인기가 있다. 동쪽에 위치한 생마리 비치에선 몽도르 산이 병풍처럼 드리워진 모습이 그림 같다. 요트클럽이 위치하며 레포츠 활동을 위해 현지인들이 자주 찾는다.

앙스바타비치에서 출발하는 근교 섬 여행

메트르 섬 Îlot Maître

'꽃보다 남자'의 일명 구준표 섬. 바다위에 떠있는 S자 형태의 수상 방갈로 리조트인 에스카파드 아일랜드 리조트가 시선을 끈다. 리조트에서 점심식사를 하거나, 섬 내 마린액티비티 센터인 AQUAZUR에서 레저기기를 빌려 젯트스키 등 해상 스포츠를 즐길 수 있다.

위치 모젤항이나 앙스바타 비치로부터 택시보트로 15분 소요
요금 택시보트 요금 왕복 약 1,250CFP, 2인승 젯트스키 렌탈 15~60분 6,000~15,000CFP, 2~3인 바나나보트 10분 1인 1,500CFP, 머메이드 체험 의상 렌탈/ 촬영용 소품 렌탈 30분 2,000/1,000CFP

에스카파드 아일랜드 리조트 (Escapade Island Resort)
위치 Ilot Maître - BP 4918 - 98 847 Nouméa Cedex
문의 +687 28 53 29 resa@glphotels.nc http://www.glphotels.nc/escapade-ilot-maitre-en.html

까나르섬 투어패키지 예시 일정

소요시간 6시간
요금 성인&어린이 5,000CFP, 유아 무료

09:00	앙스바타 비치로 집합
09:10	택시보트 탑승
09:15	카나르섬 도착, 도착 후 자유행동 (스노클링, 섬 내 작품들 감상하며 산책 등)
12:00	섬 중앙에 위치한 레스토랑에서 식사
15:00	앙스바타로 귀환 후 해산

까나르 섬 Îlot Canards

까나르(canard 오리)라는 이름처럼 오리 모양을 하고 있는 섬이다. 앙스바타 비치 앞바다에 위치하며 한 바퀴 도는 데 10분 정도 밖에 걸리지 않는다. 윈드 서핑, 택시 보트, 그리고 스노클링 장비를 착용한 모든 사람이 갈 수 있다. NC Coral Palms Island Resort에서 점심식사를 하거나 머무를 수도 있다. 수상레저 센터가 호텔 가까이에 있다.

위치 앙스바타 비치에서 택시보트로 5분 소요
문의 www.ileauxcanards.nc
택시보트 요금 왕복 약 1,000CFP. 스노클링 세트 렌탈 약 1,000CFP

La Grand Terre

라 그랑 떼르

누메아를 보고나서 넓고 넓은 본섬탐험

길이 400km의 좁고 긴 바게트 모양의 섬, 라 그랑 떼르는 비교적 관광객이 드나드는 남부지역과 태초의 자연이 녹아있는 북부지역으로 나뉜다. 라 그랑 떼르의 산, 망그로브 숲, 기암괴석이 늘어선 해안선 등, 압도당할 듯한 손 대지 않은 대자연을 구석구석 탐험해 보자.

La Grand Terre
Map

라 그랑 떼르 북부

라 그랑 떼르의 북부는 중앙산맥을 중심으로 서쪽, 동쪽 그리고 북쪽 세 지역으로 나뉜다. 뽀야와 보는 서쪽, 뽀엥디미에와 이엥겐은 동쪽에 속한다. 그랑 떼르 북부지역은 훼손되지 않은 아름다운 자연환경을 보존하기 위해 개발 제한과 삼림 휴식년제, 출입 제한 구역 등을 설정하여 적극적인 에코 투어리즘을 실시하고 있다. 거칠고 다듬어 지지 않은 느낌도 들지만 그래서 더 아름답고 자연적인 라 그랑 떼르 북부는 모험심 가득하고 호기심 많은 여행자들의 심장을 두근거리게 하는 곳임에 틀림이 없다.

La Grand Terre

라 그랑 떼르 남부
라 그랑 떼르의 남서부엔 수도인 누메아가 위치한다. 주변지역인 덤베아, 몽도르, 블루리버파크, 야떼가 있고 위로 올라가면 라포아, 사라메아 그리고 쉐라톤 리조트가 들어서는 부라이 지역이 있다.

La Grand Terre
South Yaté

야떼 Yaté

라 그랑 떼르 남단에 자리한 야떼는 생태연구를 하는 사람들 사이에서 이름난 고장이다. 열대림과 건조림이 섞인 울창한 산림에 도감에서나 볼 수 있는 희귀한 동식물이 가득하기 때문이다. 더불어 에코 투어리즘의 천국이자 하이킹, 산악 자전거, 드라이브를 즐기기에 좋은 곳이기도 하다.

야떼 관광 사무소 (Yaté Tourism Office)
운영시간 화~금 8:00 ~ 12:30/13:30~17:00/토요일 8:00~12:30
문의 +687 46 20 65 / pitgsya@mls.nc

quick tips!

야떼 호수

야떼 호수는 1959년 야떼 댐이 완공되면서 생긴 인공 호수로, 반쯤 잠긴 고사목들이 자아내는 독특한 풍경이 인상적인 곳이다. 숲의 일부가 잠기었으나, 살균작용이 강한 니아올리나무가 썩지 않고 자리를 지키면서 지금과 같은 모습을 갖추었다고 한다. 진면목은 비 온 직후로, 수면에서 구름처럼 피어 오르는 물안개는 운치를 더한다. 블루 리버에서 흘러든 맑고 투명한 물 위에 카누를 띄우고 천천히 둘러보는 것 또한 추천한다.

누메아를 벗어난 지역의 관광은 개인적으로 가기 보단 투어를 신청하는 것이 더 효과적이다. 계절별로 운영방법도 다르고, 손수 운전해 다니기도 쉽지 않아 개인적 여행엔 무리가 있다. 마음에 드는 곳을 살펴 보고 호텔이나 여행사가 제공하는 투어 프로그램을 미리 예약하는 것이 좋다.

quick tips!

마들렌느 폭포 La Chutes de la Madeleine
반건조 관목 지대와 연못, 고대 식물 등이 어우러져 독특한 풍광을 연출한다. 그늘이 없으니 주의할 것.
위치 Piste de la Madeleine, Yaté, Grand Terre 98834, New Caledonia

고로 폭포/와디아나 폭포 Goro Waterfall/Wadiana waterfall
도로 옆, 바다와 면하고 있어 찾아가기가 쉽다. 30m 정도 높이에서 떨어진 물줄기는, 물고기가 뛰어 노는 자연풀장으로 떨어진다.
위치 Yaté 에서 Prony로 이어지는 도로를 따라가다 보면 나오는 Goro부족 거주지

일본인 광산 유적 Japanese Mine
약 1,500여 명이 일하던 광산으로, 일본인이 개발해 사용하다가 진주만 공습 이후 문을 닫았다. 현재는 녹슨 잔재들이 남아 광부들이 땀 흘리던 그때를 증언하고 있다.
위치 고로 폭포 근처

블루리버파크

누메아에서 동쪽으로 45km 떨어진 덤베아와 야떼 지역 사이, 9,045ha에 이르는 광대한 부지를 자랑하는 국립공원이다. 남태평양의 다른 섬들과 달리 화산섬이 아니라 호주에서 떨어져 나온 데다, 1억 4천만년 전 쥐라기 시대와 동일한 생태환경을 보존하고 있어 다양한 희귀 토착 동식물들이 서식하고 있는 '생태학의 엘도라도'와 다름이 없다.

블루리버파크 Parc Provincial de la Rivière Bleue

2억 8천 년 전에 일어난 강력한 화산 활동과 오랜 퇴적으로 호주 대륙과 분리된 뉴칼레도니아는 완벽하게 고립되면서 남태평양의 고귀한 식물정원을 만들었다. 이곳에서만 나고 자라는 토종 식물들은 더 없이 좋은 생태의 보고임에 틀림이 없다. 숲 안에는 잘 정비된 산책로가 있고 캠핑도 즐길 수 있다. 강에선 카약, 수영 등도 가능하다. 국립공원 내에선 사냥, 낚시, 채집 등 자연을 훼손하는 행동은 금지된다.
안내소에서 주는 지도를 보면 도보 여행자, 차량 이동자들의 이동 코스가 잘 표시되어 있다. 가이드와 함께 하는 차량투어는 미리 여행사를 통해 신청해야 한다. 본격적인 트레킹을 하고 싶다면 뉴칼레도니아의 겨울 시즌(4~8월)에 가면 20~24도 사이의 선선한 날씨를 경험할 수 있다.

위치 99 Parc Provincial de la Rivière Bleue Yaté. 코코티에 광장관광안내소로부터 차로 1시간
문의 +687 43 61 24
요금 입장료 400CFP. 투어는 주관 여행업체에 따라 상이하다. 입구에서 자전거를 빌릴 수 있다.
오픈 07:00~17:00. 월요일 휴무

블루리버파크 가이드 투어 예시 일정

소요시간 9시간
요금 성인 1인 약 14,400CFP. 어린이(2~11세) 8,800CFP, 유아(0~1세) 무료. 2명 이상 출발. 영어/프랑스어/일어 가이드와 차량, 입장료, 중식 포함.

08:00	각 호텔에서 집합하여 블루리버파크로 출발 (차량소요시간 약 1시간 30분)
09:30	공원 도착. 페리뇽 다리를 도보로 건너 셔틀차량으로 환승. 그랜드카오리 나무, 카구 등 주변을 돌아보며 산책
12:00	피크닉 런치 식사.
14:00	중식 후, 공원을 나와 몽도르 산의 생수 발원지로 향함.
14:30	근처 밀크티 가게에 들름
15:00	교외의 대형 슈퍼(덤베아에 소재한 카르푸)에서 쇼핑
17:00	호텔 도착

캐나다, 러시아와 함께 세계 3대 니켈 산지인 이곳은 온통 붉은 황톳길이다. 니켈의 다양한 광물이 함유된 토양의 영향으로 식물의 잎사귀가 희끗희끗하다. 야떼 호수를 중심으로 9,045ha에 이르는 이 공원은 우림으로 둘러싸인 자연보호지로 아로카리아(Araucaria)소나무, 백단향, 남양 산목, 카오리(Kaori)등 수백 종의 나무들이 숲을 이루고 있다.

블루리버와 화이트리버 Blue River & White River
블루리버파크에는 블루리버와 화이트리버, 두 개의 강이 지난다. 물빛이 다른 이유는 바닥에 깔린 돌의 색깔이 투명한 물에 비치기 때문이다. 특히 공원의 이름이 된 블루리버의 경우, 붉은 흙으로부터 녹아 나온 니켈 성분이 섞여 푸른 빛을 띄는 것이다. 블루리버에서는 자동차로 이동하는 것이 불가능하지만 화이트리버에서는 주의를 기울여 운전하는 것이 허용된다.

페리뇽 다리 Pont Perignon
블루리버파크에 진입하면, 본격적인 탐험이 시작되기 전에 야테 호수의 지류를 가로지르는 길이 80m의 페리뇽 다리를 건너야 한다. 다리의 반절은 물에 잠겨 있을 정도이지만 내구성 좋은 토착수종인 쳉검 나무(Chene gomme)으로 만든 덕에, 1958년 완공 시절 모습이 그대로 보존되어 있다. 하지만 차량으로 건너기에는 위험하므로 강 반대편에 세워둔 차량으로 갈아 타 투어를 진행하게 된다.

준비물
블루리버 뿐만 아니라 뉴칼레도니아의 땅은 붉다. 이것은 흙에 니켈이나 철 성분이 함유돼 있기 때문이다. 씻어도 잘 씻어지지 않기 때문에, 숲 등에 갈 때에는 흰 옷이나 신발 착용을 삼가는 편이 좋다.

블루리버파크를 둘러보기 원한다면 가이드 투어를 선택하는 것이 여러모로 편하다. 오전에 호텔로 가이드가 직접 픽업을 와서 블루리버파크로 안내할 것이다. 가격은 성인 일인당 17,000CFP으로 단체의 경우 인원수 따라 약간의 할인이 적용되며, 최소 2인 이상 출발이 가능하다. 다소 비싼 듯 하지만 가격 내에 국립 공원 입장료, 교통안내(가이드 겸 운전사), 프렌치 스타일 피크닉(술은 옵션), 보험, 택스 등을 종일 서비스가 포함되어 있다. 7~8시간 투어프로그램으로 동반하는 가이드는 풍부한 생태 지식과 서비스 마인드로 무장해 이 투어의 품격을 이룬다. 영어, 불어, 일본어 가이드 중 선택이 가능하며, 12세 이하 아동은 11,000CFP, 2세 미만은 무료로 진행된다.

블루리버파크와 묶어 보기 좋은 곳

성 미쉘 밀크쉐이크 Saint Michel
직접 기른 소의 우유로 만든 밀크쉐이크 맛이 일품인 가게다. 용량도 특대라 더욱 좋다. 이외 치즈, 요구르트, 잼, 과일 및 채소 등도 판매한다. 밀크쉐이크 250CFP
운영시간 08:00~20:00
위치 블루리버파크에서 누메아로 돌아오는 RP1 도로변
문의 +687 43 54 82

쁠룸 샘 La Fontaine de Plum
누메아에서 가장 흔하게 볼 수 있는 생수 상표는 '몽도르'표 생수다. 그만큼 누메아인들의 식수를 책임지고 있는 이 몽도르표 물을 공짜로 마음껏 떠 갈 수 있는 곳이 바로 쁠룸 샘이다. 누메아와 블루리버파크사이, 몽도르 마을에 자리한 이곳에는 평일 낮에도 멀리서 물을 뜨러 온 현지인들과 그들이 타고 온 자동차들로 항시 북적인다.

Special 10-2

블루리버파크에서 볼 수 있는 희귀 동식물들

1억 4천만 년 전 쥐라기 시대와 동일한 생태환경을 자랑하는 블루리버파크에는 희귀한 동식물들이 가득하다. 동식물학자들에게는 평생에 꼭 한번 가 보고 싶은 동경의 대상, 관광객들에게는 훌륭한 에코 투어리즘(생태 관광) 관광지가 아닐 수 없다.

네펜더스 Nepenthes
자그만 몸으로 육식을 즐기는 식충식물이다. 수액이 든 주머니 모양을 하고 있으며, 이곳에 벌레가 빠지면 이를 소화시켜 영양분을 흡수한다.

카오리 Kaori
'아로카리아'에서 잎이 납작하게 진화한 나무로, 블루리버파크에서는 뉴칼레도니아에서 가장 크고 오래된 카오리 나무를 볼 수 있다. 수령 약 1,000년, 직경 2.7m, 총 길이 40m에 육박하는 이 거대한 나무는 뷰파인더에 모두 담을 수 없으니 직접 가서 보는 것이 최선이다.

노뚜 Notou
'골리앗 황제 비둘기'라고도 부르는 노뚜는 세계에서 가장 큰 비둘기 중 하나로, 뉴칼레도니아의 숲에서만 서식하는 희귀종이다. 일 년에 한 개의 알만 낳기 때문에 특히 귀하게 보호받는다.

뉴칼레도니아 까마귀 Newcaledonia Crow
사냥용 갈고리를 직접 만들어 쓰는 등, 유인원처럼 도구를 사용할 수 있는 능력을 갖춘 것으로 밝혀져 전 세계적으로 화제가 되었던 '똑똑한 새'다.

니아울리

네펜더스

카구 Kagoo
뉴칼레도니아의 국조(國鳥)이자 고유종으로, 400여 마리밖에 남지 않아 현재 멸종위기 국제보호조로 지정된 귀한 새이다. 뱀 등 천적이 없어 날개가 퇴화하였으며, 개 짖는 소리와 비슷한 울음소리를 내는 것이 특징이다.

카구의 사랑
카구는 일부일처제로, 영원한 사랑을 맹세하면 죽음이 두 마리를 갈라놓을 때까지 헤어지지 않는다. 육아 역할분담도 평등하다. 가령 알을 품을 때에는 오전 중에 남편이 알을 품는다면, 그사이 부인은 먹이를 찾고 오후가 되면 교대하는 식이다.

La Grand Terre
South Dumbéa

quick tips!

덤베아 Dumbéa

누메아에서 북서쪽으로 약 15분 거리에 위치한 지역이다. 누메아의 도시규모가 팽창하면서 행정구역을 접하고 있는 덤베아 남쪽을 중심으로 최근 급격하게 개발되지만, 코기산등 여전히 자연이 아름다운 곳이기도 하다. 나폴레옹의 명령을 기념하여 부활절에 열리는 자이언트 오믈렛 축제 등 철마다 다양한 축제가 열리는 활기찬 지방이기도 하다.

덤베아 관광안내소
Point information tourisme Grand Sud
영업시간 화~금 8:00~12:30 13:30~17:00, 토 8:00~12:30
문의 +687 46 06 25/ pitgs@mls.nc

덤베아 남쪽 : 도시 문화

카르푸 Carrefour Kenu-In
덤베아에는 글로벌 체인 슈퍼마켓 브랜드 카르푸가 뉴칼레도니아 최대 규모로 자리하고 있다. 아메데의 명물 물뱀 트리코 라예를 마스코트로 한 패션브랜드 등, 다양한 상점들도 입점해 있는 복합 쇼핑센터이기도 하다. 이곳은 누메아에서 차량으로 약 8분밖에 소요되지 않기 때문에 항시 사람들로 북적인다. 더불어 블루리버파크로 향하는 길목에 위치해 있어 국립공원에서 필요한 물품, 식료품들을 한 번에 준비해 가기에 좋다.
위치 Kenu-In Shopping Mall, RP1, Nouméa.
문의 carrefour-kenuin.nc / +687 41 28 27

덤베아 북쪽 : 보존된 자연

코기 산 Mont Koghis
원시림과 고사리과 식물이 우거져 있어, 마치 쥬라기시대에 떨어진 듯한 느낌을 주는 산이다. 이곳은 멋진 트레킹 코스로 특히 유명한데 여름에는 난이도가 낮은 폭포 행 코스를, 시원한 계절에는 해발 1,061m 높이의 멋진 파노라마를 자랑하는 Malaoui 봉우리로 향하는 길을 추천한다. 이외에도 산림욕, 버드워칭 등을 즐기러 많은 사람이 방문하기 때문에 예약하면 새 연구가들을 위해 산 중턱에 지은 오두막이나 거대한 고사목 위에 지은 통나무집에서 1박도 할 수 있다. 우기에는 바닥이 미끄러우니 관련 장비를 준비해야 한다.
위치 Monts Koghis Dumbéa. 코코티에 광장관광안내소에서부터 차로 30분. 목적지로 향할 때, 돌아올 차편도 함께 예약하는 편이 좋다.
입장료 입산료 500CFP (코기 산의 레스토랑인 '오베르쥬 드 몽 코기'에서 지불한다.

La Grand Terre
South La Foa

라포아 La Foa
누메아에서 차를 타고 북쪽으로 2시간 정도 이동하면 사냥과 승마의 천국인 라포아에 도달한다. 누메아 아침시장에 늘어선 식자재 대부분은 라포아에서 기른 것이라 해도 과언이 아닐 정도로 뉴칼레도니아 감자의 60%, 과일의 1/4이 이곳에서 생산되며 15만여 마리의 노루와 산양이 서식하고 있어 사냥과 목축이 발달하기도 했다. 마그리트 다리 등의 역사 유적, 우아노(Ouano)해변 등 수려한 주변 풍경도 매력적이다. 매년 6월에는 영화제도 열린다.

라 포아 관광안내소 La Foa Tourism
운영시간 월~토 08:30~16:30 일 08:30~10:30 매달 첫 번째 수요일 휴무
문의 +687 41 69 11 / lafoatourisme@canl.nc

quick tips!

조르주 기에르메 광장 Georges Guillermet Park
라포아 마을의 중심지다. 매주 토요일 아침시장 등 중요한 마을 행사들이 열리며, 뉴칼레도니아 예술가들이 만든 토템 신앙 조각상들이 자리하고 있어 멜라네시안 예술을 감상할 수도 있다.

마그리트 다리 La passerelle Marguerite
1909년 건설될 당시 뉴칼레도니아 총독 부인의 이름을 붙인 다리다. 귀스타브 에펠이 디자인한 철재 다리로도 유명하다. 30년간 기능하다가 이제는 사용하고 있지 않지만, 1998년 복원 공사를 진행하는 등 여전히 뉴칼레도니아인들이 아끼고 사랑하는 중요한 역사유적이다.

우아노 맹그로브 Ouano's Mangroves
다양한 식생을 관찰하기 좋은 지역이다. 최근 155헥타르에 해당하는 구역에 방문객용 표지판과 도보길이 재정비되어 둘러보기에 좋아졌다.

La Grand Terre
South Bourail

부라이 Bourail

유네스코 세계 문화유산으로 지정된 라군, 풍성한 숲, 역사문화유적지를 갖춘 이곳은 최근 가장 주목 받고 있는 지역이다. 더불어 최근 쉐라톤 뉴칼레도니아 데바 리조트 앤 스파(Sheraton New Caledonia Deva Resort & Spa)가 들어서면서 북부투어의 훌륭한 전진기지 역할까지 수행하고 있다. 매년 8월 중순에 열리는 농업전시회, 부라이페어(Bourail Fair)도 유명하다. 뉴칼레도니아에서 가장 오래되고 유명한 이 농업·목축 축제에서는 사슴고기 소시지, 신선한 농축산물 등 먹거리가 풍성한 것은 물론 로데오 경기, 플립플랍 날리기 대회 등 다양한 행사가 열려 오감이 즐겁다. 이 행사는 뉴칼레도니아를 대표하는 연중 축제로 자리 잡았다.

부라이 관광 안내소 Bourail Tourism Office
운영시간 월~토 09:00~12:00, 13:00~17:00
문의 +687 46 46 12 / info@bourailtourisme.nc

quick tips!

액티비티의 천국
산호초 협로에서 밀려오는 파도에 부딪혀 생성된 '뚫린 바위'로 유명한 부라이(Bourail) 해변은 초보자도 서핑을 즐길 수 있는 곳이다. 숙련된 가이드와 함께 하는 승마체험도 특별하다.

La Grand Terre

구아로 등대 Gouaro Light House
부라이가 죄수 유형지이던 시절, 안전하게 물자를 나르기 위해 세운 시설물이다. 본래는 백색, 적색 두개의 빔이 서로 다른 방향을 가리켜 선원들을 도왔다.

부라이 박물관&부라이 투어 인포메이션 오피스
Bourail Museum and Tourist Information Office
1870년, 수용소의 죄수들이 돌을 쌓아서 만든 교도소 시설이다. 1910년 이후 치즈가게, 수의소 등 다양한 시설로 쓰이다가 1986년 박물관이 되었다. 가장 유명한 유물은 1940년까지 쓰이던 뉴칼레도니아 최후의 길로틴으로, 이 단두대를 보기 위해 매년 수많은 관광객들이 찾아온다.

뉴질랜드군인 묘지 New Zealand Military Cemetery
제2차 세계 대전 당시 뉴칼레도니아 최대 주둔군은 미군이었지만, 부라이 지역에는 18,000명 뉴질랜드 군인들이 남긴 기억이 선연하다. 뉴질랜드 군 대부분이 이곳에 주둔했기 때문이다. 자연스럽게 부상 후 사망한 뉴질랜드 군인들이 이곳에 묻혔다. 1955년 문을 연 이 묘지에는 242기의 무덤과 449개의 실종자 이름이 쓰인 기념물이 자리하고 있다. 가장 최근 만들어진 묘지는 종군 간호사로 임했던 Marcel Harnett 씨로, 뉴질랜드에서 사망하였지만 가족의 요청으로 이곳에 안장되었다. 매년 4월 25일이 되면 기념식이 열린다.

젠틀맨 바위 Le Bonhomme /Gentelman Rock
부라이에 머문다면 구멍 뚫린 바위(La Roche Percee), 해변 끝자락에 자리한 이 기암괴석을 보지 않고는 지날 수 없다. 긴 침식작용으로 인해 모자 쓴 남성의 얼굴 모양으로 깎인 이 거대한 석영 바위는 날씨나 각도에 따라 여러 표정을 보여준다. 파도에 의해 코에 해당하는 구멍이 점점 커지고 있다고 한다. 2007년에 이 바위 바로 옆에 있던 다른 기암괴석이 자연현상으로 완전히 파괴되면서, 이제 젠틀맨 바위는 서쪽 해변의 유일한 랜드마크로 남게 되었다.

포에 해변 Poé Beach
13km의 백사장이 펼쳐진, 뉴칼레도니아에서 가장 길고 아름다운 해변 중 하나이다.

La Grand Terre
South Mont-Dore

몽도르 Mont-Dore
몽도르는 뉴칼레도니아에서 두 번째로 큰 도시이자, 누메아의 코코티에 광장에서 10km도 떨어져 있지 않은 지역이다. 하지만 서울 면적과 맞먹는 이 광대한 지역은(600 km²) 아직도 대부분 미개발, 미거주 지역이다. 그만큼 자연이 잘 보존되어 있어 고래 워칭, 다이빙 등으로 유명하다. 누메아에서 흔히 볼 수 있는 몽도르 생수의 생산지여서 더욱 친숙하게 느껴지는 곳이기도 하다.

몽도르 관광안내소 Mont-Dore Tourism Office
운영시간 화~금 08:00~12:30 / 13:30~17:00, 토 08:00~12:30
문의 +687 46 06 25 /: pitgs@mls.nc

다양한 스포츠 경기들
몽도르는 다양한 스포츠 경기들을 치르고 있다. 6월엔 힐 워킹 랠리(Hill Walking Rally), 10월엔 철인 3종 경기, 11월엔 국제 보트경기대회가 개최되어 많은 이들을 불러 모은다.

고래 워칭 Whale watching Tour
7월 중순부터 9월 중순이 되면 남극으로부터 헤엄쳐 모여드는 흰 김 수염고래(humpbacked whales)들을 보기 위해 수많은 관광객들이 몽도르로 모인다. 누메아에서 출발한다면 투어 출발지인 몽도르 쁘로니 만(Baie de Prony)까지 차나 배를 타고 오게 되며, 배편은 주로 누메아의 모젤 항에서 출발한다. 투어 요금은 여행사에 따라 상이하지만 보통 1만CFP 전후이며 평일/주말간 가격이 상이하다. 배 타는 시간이 길기 때문에 멀미에 유의할 것.

La Grand Terre
South Sarraméa

사라메아 Sarraméa

사라메아는 누메아에서 북동쪽으로 121km 떨어진 인구 1천 명도 안 되는 작은 마을이다. 그랑 떼르 중부에 위치한 이 산간마을은 풍부한 열대림으로 둘러싸여 트레킹으로 유명하다. 그 중 '식물의 비밀(Le Secret des Plantes)' 트레킹과 '아미유 과수원(Vergers d' Amieu)'트레킹이 대표적이다. 도보나 승마로 트레킹을 즐기고 싶은 이들이 이 지역을 많이 찾는다.

또한 19세기 개척시대부터 커피 재배를 시작해 지금도 카페 르호아(Café Le Roy) 혹은 부르봉 뽀앵뛰(Bourbon Pointu) 등의 커피를 생산하는 뉴칼레도니아의 대표적인 커피 생산지다. 윈스턴 처칠과 프랑스 드골 대통령이 좋아했던 커피로 유명했던 사라메아 커피는 소량 생산이라 가격도 높고 현지에서만 접할 수 있다. 매년 8월에 열리는 사라메아 커피 축제, 매월 넷째 주에 열리는 사라메아 시장도 둘러 볼 만 하다.

사라메아 관광안내소 **La Foa Tourism**
운영시간 월~토 08:30~16:30pm, 일 08:30~10:30. 매달 첫 번째 수요일 휴무
문의+687 41 69 11 / lafoatourisme@canl.nc

---

quick tips!

페이에 소 沼 La Cuve de Sarraméa
투명한 계곡물과 푸른 늪지대가 조화를 이룬 곳으로, 수영과 피크닉 장소로 인기다. 이 외에도 사라메아 계곡, 앨리스와 이베트 정원 등도 주요 볼거리에 꼽힌다.

암보렐라 트리포코다
Amborella Tripochoda
오직 뉴칼레도니아, 그것도 사라메아 지역에서만 자생하는 꽃이다. 붉은색 바탕에 흰 붓 터치가 그려진 백합 모양을 하고 있다. 1억 3천만 년 전에 출현하였다고 알려져 있어 모든 꽃의 어머니로 불린다.

La Grand Terre
South Boulouparis

블루파리 Boulouparis

드넓은 자연에 다양한 민족이 모여 사는 땅 블루파리는 농업과 목축업을 주로 하는 원주민들이 풍부한 경작지를 가지고 낙천적인 생활을 하고 있는 곳이다. 서울시 면적(약 605 km²)보다도 넓은 910 km² 면적에, 1km²당 약 2명 가량만 거주하니 평화롭기 그지 없다. 사탕수수 재배가 경제와 문화의 중심을 이룬다.

통투타 국제공항에서 10분 거리에 위치한 우엥기 골프장에서의 골프, 해변에서의 서핑, 카누, 스쿠버 다이빙, 윈드 서핑 등 다양한 레포츠를 즐길 수 있고, 그린투어도 발달했다. 도보 왕복 이틀 거리인 La Dent de Saint Vincent (1,441m) 하이킹, 테니아섬 돌고래 투어 등이 특히 유명하다.

블루파리 관광 안내소 Infomation point of Boulouparis
운영시간 월~금 07:00~15:00
문의 + 687 35 17 06 / mairie.boulouparis@lagoon.nc

축제

5월엔 사슴과 새우축제, 8월엔 만화 페스티벌, 매달 첫째 주 일요일에는 토모 민속시장이 열린다.

quick tips!

우엥기 골프 Ouenghi golf club
호텔, 레스토랑의 광대한 부지를 이용해 만든 골프장. 18홀, 72파의 골프장은 장대한 풍경을 자랑한다.
위치 BP 56 - 98812 Boulouparis
문의 www.hotel-golf-paillottes.nc / 687 35 17 35 , 687 35 17 44

quick tips!

테니아 섬 Ilot Tenia
피크닉이나 스노클링을 즐길 수 있으며, 높은 확률로 야생의 돌고래를 관찰할 수 있는 돌고래 투어 (Whale Watching Tour) 가 유명한 섬이다. 블루파리를 출발해 부라이를 가는 중에 만날 수 있는 섬이다. 브라케 캠핑장이 있어 하루 묵을 수도 있다.

투어 예시 일정

소요시간 9시간
요금 성인 15,000CFP, 어린이 8,000CFP

07:00~07:30	호텔에서 출발하여 블루파리 (Bouloupari)의 브라케로 향한다.
09:00	브라케의 비치 하우스에 도착한 후, 보트로 테니아 섬으로 향한다.
09:30	테니아 섬 도착. 스노클링 등 자유시간
12:00	테니아섬에서 점심식사
14:30	테니아섬 출발
15:30	비치 하우스 출발. 누메아 복귀
17:00	각 호텔에 도착

Special 11

그린아일랜드 Ile Verte

그린아일랜드는 뉴칼레도니아 서해안 앞바다에 떠 있는 작은 섬이다. 누메아에서 차로 2시간 반 정도로 가까운 편이라 근교 투어 관광지로 인기인 곳이다. 조용한 낙도에서 푸른 바다와 파우더샌드 비치, 스노클링 등을 즐길 수 있다.

스노클링
그린아일랜드는 산호와 물고기들이 가득한 스노클링의 명소다. 물안경 등 스노클링 용구를 미리 준비하면 좋다.

뷔페와 BBQ
섬에 도착하면 진행 스탭들이 가져온 도시락과 더불어 간단한 꼬치구이 BBQ를 만들어 준다.

투어 (당일 여행시) 예시 일정

소요시간 10시간
요금 성인 17,500CFP, 어린이 9,500CFP, 유아 무료

- 07:00 호텔 출발
- 10:00 포에 비치 도착 (Poe Beach). 젯스키를 타고 그린 섬으로
- 11:00 그린섬 도착. 자유시간
- 12:00 중식 (뷔페, BBQ) 및 자유시간
- 14:00 그린섬 출발
- 14:30 포에비치 도착. 비치하우스에서 환복 및 휴식
- 15:30 포에비치 출발
- 18:00 호텔 도착

투어 이용 (쉐라톤 뉴칼레도니아 데바 리조트 앤 스파 투숙 시) 예시 일정

소요시간 6.5시간
요금 성인 15,000CFP

- 09:00 호텔 출발
- 10:00 포에 비치 도착 (Poe Beach). 젯스키를 타고 그린 섬으로
- 11:00 그린섬 도착. 자유시간
- 12:00 중식 (뷔페, BBQ) 및 자유시간
- 14:00 그린섬 출발
- 15:30 호텔 도착

La Grand Terre
South Accommodation

쉐라톤 데바 리조트 앤 스파

부라이(Bourai)지역에 포함된 데바는 약 8,000헥타르에 달하는 자연 보호령을 품고 있다. 유네스코 문화유산으로 지정된 암초 석호, 뉴칼레도니아 전체에서 약 10%를 차지하고 있는 건조산림 등이 이곳에 있다. 그리고 생태 관광지로서 나날이 인기가 높아지는 데바의 훌륭한 베이스캠프가 바로 쉐라톤 뉴칼레도니아 데바 리조트 앤 스파다.

오세아니아 지역에서 명망 있는 건축가 피에르 라콤브(pierre Lacombe)가 지은 이 리조트는, 뉴칼레도니아 원주민 문화를 세련되게 변형시킨 건물 만으로도 투숙객들에게 특별한 경험을 선사한다. 15m 가까이 하늘로 솟아오른 초가 지붕은 경쾌하며, 랍스터 잡이 투망을 초대형으로 확대한 모양의 샹들리에는 흡사 설치미술 같다.

부지는 광대하다. 1헥타르가 축구장 1개 반 정도의 면적인데 호텔이 약 40헥타르이고 18홀 골프코스가 약 60헥타르니 도합 100헥타르, 축구장 100개를 넘는 면적이다. 2014년 개장한 이 쉐라톤 제국의 영토는 앞으로도 더 확대될 예정이라 하니 앞으로가 더 기대된다. 그러니 차후 방문하는 여행객들은 시간이 지날수록 더욱 다양한 투숙 목적과 형태로 리조트를 즐길 수 있게 될 것이다.

해변을 끼고 드문드문 흩어져 있는 60개의 방갈로형 숙소는 원뿔형 이엉집인 원주민의 전통 주택 '카즈'에서 영감을 얻었다. 외부에서 보면 완벽한 멜라네시안 전통집 같이 보이지만, 세계적인 인테리어 업체 CHADA가 책임을 맡은 내부로 들어가면 현대적이면서도 쾌적하기가 이루 말할 수 없다. 전 객실에 테라스와 소파가 딸려 있을 만큼 넓고, 객실에 따라 제공되는 로맨틱한 캐노피 베드도 체크 포인트다.

바다와 숲, 야트막한 능선에 둘러싸인 위치와 환경 때문에 이곳에서는 아름다운 자연을 즐기기에 그만이다. 카약을 타고 조금만 나서면 유네스코 자연문화유산으로 지정된 라군에서 스노클링 누메아를 제외하고는 가장 규모 있는 리조트 단지인 쉐라톤 데바 리조트가 골프장과 함께 들어서 있다. 앞으로도 개발이 진행되고 있는 데바지역은 누메아 시민들의 주말 휴양지다.

을 즐길 수 있고 (모든 수중 놀이기구 렌탈 무료), 호텔을 둘러싼 야트막한 능선에서는 하이킹을 즐길 수도 있다. 호텔 근처의 스쿠버다이빙 학교나 승마 학교를 방문한다면 더 도전적이고 특별한 체험도 가능하다. 사슴이 출현하고 새가 지저귀는 리조트 부지에 머무는 것 자체가 자연 속 힐링인 것은 물론이다.
이름처럼 자연 한 가운데 자리한 딥 네이처 스파(Deep Nature Spa) 시설은 이 휴식의 완벽한 마무리다.
이곳에서 가장 가슴 두근댈 스포츠 플레이어는 골퍼가 아닐까. 세계적인 업체인 다이 디자인(DYE Design)이 골프 설계를 맡은 국제 챔피언십 18홀 코스는 바다와 산이 어우러진 수려한 풍경과 자연친화적이면서도 도전적이고 흥미로운 코스로 명성이 높다. 이 푸른 코스를 한 눈에 내려다볼 수 있는 2층짜리 180개 객실이 골프코스를 따라 늘어서 있어 효율적인 라운딩이 가능하다는 점 또한 장점이다. 프랑스 PGA에 소속된 골프코치들에게 개인/그룹 레슨을 신청할 수도 있으며, 프로 숍(Pro Shop)에서는

골프와 관련한 모든 문의와 구매가 가능하니 머무는 동안 이전보다 더욱 향상된 실력도 기대해 볼 만 하다. 놀라운 점은 이렇게 수준 있는 시설에 비해 비용이 저렴하다. 캐디가 없는 덕분이다. 데바지역은 현지인들에게도 주말 휴가 장소로 인기가 있다. 누메아 통투타 국제공항에서 차로 1시간 30분 밖에 걸리지 않는 접근성도 장점이다. 누메아와 더불어 누메아 근교 특히 북부 지역으로의 모험을 생각하고 있다면 최상의 숙박지는 쉐라톤 뉴칼레도니아 데바 리조트 앤 스파임이 분명하다.

Sheraton New Caledonia Deva Resort & Spa
위치 Lot 33 Domaine de Deva, Route de Poe B.P.50, Bourail, 98870, New Caledonia
문의 +687 265 000 / www.sheratonnewcaledoniadeva.com
가격 1박 20만원선 수피리어룸 기준, 방갈로 30만원~ (호텔 예약사이트 2018년 8월 기준)

La Grand Terre

North Hienghène

이엥겐, 보, 뽀야는 라 그랑 떼르 북부지역의 대표 도시들이다. 중앙 산맥을 중심으로 동쪽에는 이엥겐, 서쪽에는 보와 뽀야가 자리하고 있다. 남부 지역에 비해 덜 개발되어 거칠고 다듬어 지지 않은 자연을 느낄 수 있는 지역인 만큼 투어를 이용하지 않는 이상 렌터카가 필수다. 출국 시 국제면허를 꼭 챙기도록 하자.

이엥겐 Hienghène

누메아에서 비행기로는 1시간, 차로 5~6시간 떨어져 있는 이엥겐은 카낙 민족지도자 장 마리 치바우(Jean- Marie Tijibaou)가 태어난 고향 마을이자 유네스코 자연문화유산으로 지정된 라군이 유명한 고장이다. 아름다운 자연을 찾아 누메아에서 382km 떨어진 이 지역까지 여행객들이 찾아온다. 뉴칼레도니아를 통틀어 가장 아름다운 길이라 불리는 마을 입구에서부터 타오 폭포 (Waterfall of Tao)로 이어지는 길은 코코넛 나무와 하구를 지나 그림 같은 풍경 속 선착장(The Ouaième ferry)으로 이어진다. 원주민어로 이엥겐은 '걸으면서 울다(Crying while walking)' 라는 뜻이니, 이 멋진 고장을 떠날 때 눈물이 나와도 놀라지 말자. 카낙의 문화를 더 가까이 체험하고 싶다면 관광안내소에 들러 문의하면 원주민 마을에 머무는 것도 가능하다. 승마나 다이빙 등의 레포츠도 즐길 수 있다.

이엥겐 관광안내소 Toursim office in Hienghène
오픈 월~금 08:00~12:00/13:00~17:00, 토요일과 공휴일 08:00~15:00
문의 + 687 42 43 57 / hienghen-tourism@mls.nc

페리 The Ouaième ferry
뿌에보(Pouébo)와 이엥겐(Hienghène) 사이를 지나는 페리다. 몇 년 안에 강가의 푸른 경치를 만끽할 수 있는 이 이국적인 교통수단이 다리로 대체되는 날이 오겠지만, 그때까지는 계속 관광객의 사랑을 받을 것이다.

암탉 바위 La Poule couveuse
스핑크스 바위 Sphinx
라 그랑 떼르 서쪽 해안에 젠틀맨 바위가 있다면, 동쪽 해안에는 암탉 바위와 스핑크스 바위가 있다. 암탉 바위는 산호에 둘러싸여 알을 품고 있는 듯한 형상이며, 검은색 석회암인 스핑크스 바위도 볼거리다.

La Grand Terre
North Voh

보 Voh
19세기 말에 생겨난 이 마을은 사진 한 장으로 유명해지게 되었다. 1990년 프랑스 항공 사진작가인 얀 베르트랑(Yann Arthus Bertrand)이 찍은 하트 모양 맹그로브 숲이 화제가 되면서 마을 이름 또한 일약 세계적인 명성을 얻게 된 것이다. 커피와 새우 조업으로 유명한 곳이기도 하다. 이곳에서 잡히는 블루 쉬림프는 특히 일본에서 매우 큰 인기를 끌고 있다.

보 관광안내소 Syndicat d'initiative de Voh
운영시간 월~금 08:00~10:00/14:00~16:00
문의 +687 47 27 68 / +687 47 27 68

quick tips!

보의 맹그로브 하트 Heart of Voh
얀 베르트랑은 '보의 맹그로브 하트'를 탄생시킨 아버지라 해도 좋을 것이다. 이곳은 1999년 출간된 그의 책 Earth from Above 표지 사진으로 세상에 알려졌기 때문이다. 이 사진의 인기로 책은 300만부 이상의 판매고를 올렸으며, 사진은 수없이 팔려 나갔다. 이에 그치지 않고 2004년에는 책과 동명인 다큐멘터리를 제작하여 다시금 맹그로브 하트 인기에 불을 지피기도 했다. 그 열풍이 이어져 한국에서는 2009년 인기리에 방영된 드라마 '꽃보다 남자'에서 주인공 구준표가 금잔디에게 사랑을 고백하는 장면의 배경지가 되기도 했다. 다만, 사랑을 쟁취하기 어려운 것만큼이나 방문하기에는 다소 까다로운 편이다. 보 지역 자체가 수도 누메아에서 차량으로 약 4시간이 걸리는데다, 400m 높이의 전망대나 헬리콥터를 이용해 상공에서 내려다보아야만 하트 모양을 제대로 감상할 수 있기 때문이다.

에코 박물관 Eco-musée de Voh
보 지역의 500헥타르 가량이 커피 농장으로, 이 고장에서는 매년 300톤의 커피를 수확한다. 이에 2011년, 보 지역의 커피에 관한 이 작은 박물관이 세워졌다. 전시 내용은 보 지역에서 처음으로 커피를 재배한 선구자 가족과 뉴칼레도니아에서 생산되는 커피종 (로부스타, 아라비카, 르로이), 전통적인 커피 생산 방식 등이다. 지역 상품들을 둘러볼 수도 있다. 연중 오픈하며 입장료는 무료다.
위치 Voh 98833. 마을 중앙에 위치.
오픈 월 10:00~13:00, 화~금 08:00~17:00, 주말 08:00~12:00
문의 +687 473736 / +687 759565 / https://www.facebook.com/ecomuseeducafe.voh

La Grand Terre
North Poya · Poindimie

뽀야 Poya
그랑 떼르 남부와 북부의 경계에 자리하고 있어 지리, 문화적으로 교류가 활발한 지역이다. 니켈이 풍부하고 땅이 넓어 광업, 농업, 목축이 주 산업이며 트래킹과 사슴사냥지로도 명성이 높다. 유명 관광지로는 환상적인 암벽화들이 늘어선 The Montfaoué site, 성녀 쟌다르크 성당과 에스깡드 성등이 있다.

뽀야 관광안내소 Bourail Tourism Office
오픈 월~토요일 09:00 - 12:00 / 13:00~17:00
문의 +687 46 46 12 / info@bourailtourisme.nc

뽀엥디미에 Poindimie
누메아에서 북부 동해안을 여행할 때 중간 포인트가 되는 곳이다. 가장 유명한 것은 유네스코 자연 유산으로 지정될 만큼 빼어난 수중 생태계로, 이로 인해 다이빙 천국으로 명성이 자자하다. Actineria, Vertigo, Bargibandi, the Arch of Tye, the Failles, Val d'Isère 등 나열하기도 힘들 만큼 수많은 다이빙 포인트들이 전 세계의 다이버들을 불러모은다. 바다 외 나포에미엥(Napoémien), 참바(Tchamba), 네바호(Névaho) 등의 계곡 지역도 유명하며, 사라메아 지역과 더불어 최고급 커피 종인 카페 르호와(Café Le Roy)를 생산하는 지역이기도 하다. 누메아의 마젠타 공항에서 비행기로 1시간, 차량으로는 5시간 정도가 걸린다.

관광안내소는 누메아에서 관장. Nouméa Tourism Office
운영시간 월~금 08:00~17:30, 토 09:00~15:30, 일 10:00~13:00
문의 +687 28 75 80 / centre.ville@office-tourisme.nc

quick tips!

암벽화 Petroglyphes of the Montfaoué site
뉴칼레도니아, 특히 그랑 떼르에는 100개소 이상의 암각화 유적지가 있다. Montfaoué는 그 중에서도 가장 많은 수의 암각화를 볼 수 있는 곳이다. 이곳에서는 200㎡내에 큼지막한 크기로 암벽에 새겨진 156개 패턴이 분포된 것을 확인할 수 있다. 우체국 직원이자 가이드북 저자였던 Marius Archambault (1864~1920)이 이곳을 발견한 이래 수십 년간 연구가 진행됐지만, 아직까지 암각화의 의미나 기원에 대해서는 밝혀진 바가 없다. 주요 원인은 뉴칼레도니아 암각화 문양 대부분이, 사람이나 동물을 그린 다른 지역의 암각화들과는 달리 대부분 추상화이기 때문이다. 가령 Montfaoué에는 '십자섬'으로 불렸을 정도로 십자 형태의 암각화가 많다.

quick tips!

티바라마 섬 Tibarama
작디작은 섬이지만 많은 이들이 '뉴칼레도니아에서 가장 아름다운 섬'이라 부르기를 서슴지 않는 곳이다. 약 20년 전부터 다이버들 사이에서 이름이 알려졌는데, 다이버 외에도 승마와 산책, 각종 액티비티 체험을 하려는 현지인과 관광객들의 안식처가 되고 있다.

나포에미엥 Napoémien
뽀엥디미에의 주민들은 약 20개 부족으로 이루어져 있다. 그중 일부는 해안가를 따라 살고 일부는 계곡 가에 사는데, 후자인 계곡 가 중 한 곳이 바로 나포에미엥 계곡이다. 자그마하고 아름다운 폭포가 흐르는 이 푸른 계곡은 동부 해안에서 가장 아름다운 곳 중 하나로 꼽힌다.

호텔 티에티 Hotel Tieti
50여 개의 객실을 운영 중이며, 경치가 좋은 하이퀄리티 호텔이다. 건축이나 설비가 세련된 편이다. 무엇보다 큰 이곳의 장점은 스쿠버 다이빙 센터가 자리하고 있다는 점이다. (Tieti diving)
위치 16, voie urbaine n°1 98822 Poindimié Nouvelle-Calédonie
문의 http://www.tieti.nc/ +687 42 64 00

티에티 다이빙 Tieti Diving
티에티 호텔 내에 자리한 스쿠버 다이빙 센터로, 실력 있는 다이버가 밤낮으로 스쿠버다이빙과 스노클링 투어를 도와준다.
오픈 월~일 16:00~17:00
문의 +687 424205 / www.tieti-diving.com / https://www.facebook.com/tieti.diving

Île Des Pins

일 데 뺑
소나무의 섬, 바다의 보석함

고운 화이트비치에 푸른 바다, 짙푸른 남국의 소나무와 알록달록한 열대어 등이 가득한 일데뺑은 뉴칼레도니아에서 가장 인기 있는 섬 투어 목적지다. '바다의 보석함'이라 는 별명을 선사한 아름다운 자연환경 외에도 옛 역사가 남아 있는 유적지들이 다수 자리하고 있고, 투어상품도 다양하여 풍성한 여행이 가능하다. 에스카르고와 랍스터 등을 즐길 수 있는 훌륭한 식당들과 본섬에서 비행기로 30분 걸리는 가까운 거리도 매력 포인트다.

아로카리아 소나무 Araucaria

뉴칼레도니아의 인상적인 이미지 중 하나는 해변에 뾰족뾰족 하늘을 향해 솟아오른 소나무 병풍, 아로카리아다. 한국어론 '남양삼나무'라고도 하는 이 식물은 고생대의 식물로 소나무의 원조격이다. 피라밋형에 직선으로 곧게 자라 크리스마스 트리를 연상시키는 이 수종 중 오직 뉴칼레도니아에서만 볼 수 있는 것이 13종이나 된다. 뉴칼레도니아는 아로카리아의 천국이자 고향인 셈. 그 중에서도 일데빵은 '소나무의 섬'이란 뜻으로 아로카리아가 섬의 상징이 되었다.

Île Des Pins
Map

누메아-일데뺑 이동하기
항공
에어칼레도니아 항공기로 이동, 소요시간은 20분~30분 수화물은 10kg까지만 허용되며 수속 및 탑승시에는 여권이 반드시 필요하니 꼭 챙겨야 한다.

선박
좀더 저렴한 비용으로 일데뺑 투어를 하려면 모젤항에서 선박(쾌속선)을 이용하면 된다. 선박으로는 편도 2시간 30분이 소요된다.
선박은 주 3회(수,토,일) 운항한다.

라 그랑 떼르
La Grande Terre

메트르섬 Îlot Maître
아메데 섬 Îlot Amédée

누메아의 국내선 전용공항인 마젠타 공항에서 출발한다. 누메아로 돌아올 예정이라면 짐을 호텔 리셉션에 맡기고 단출하게 떠나는 것이 좋다.

일데뺑은 해안도로를 따라 차로 1시간 30분 정도 달리면 돌아볼 수 있는 작은 섬이다.

Île Des Pins

일데뺑을 돌아보는 효과적인 방법은 차량이나 스쿠터를 렌트하여 돌아보는 것이다. 일데뺑의 아름다운 해변과 관광지를 돌아보는데 약 2시간 정도면 충분하다. 루트는 오르톤스 여왕 동굴 – 바오마을 – 쿠토비치 – 생모리스 기념비 등이다. 시간이 없다면 투어는 반드시 여행사를 통해 미리 정해두고 가는 것이 좋고, 일데뺑에 며칠 머무는 일정이라면 묵고 있는 호텔에서도 신청이 가능하다. 차량 렌트 시엔 국제면허를 준비해야 하고, 스쿠터의 경우 별도의 서류가 필요 없다.

Île Des Pins
Sightseeing

오로만과 천연풀장 Baie d'Oro et Piscine Naturelle

바다의 투명도가 만들어내는 그라디에이션과 소나무가 둘러싼 경관이 독특하고 아름다운 일데뼁 최고의 관광지다. 융기 산호가 너머의 바다를 막아 열대어를 가두고 파도를 가라앉혀 천연 수영장 겸 스노클링 명소가 탄생했다. 따라서 이곳에서는 수영복과 스노클링 세트가 필수품인데, 스노클링 세트를 투숙호텔에서 빌릴 경우 그 개수가 한정되어 있으니 주의할 필요가 있다. 또한 바닥이 거친 강이나 숲 속을 걸어야 하기 때문에 신발은 비치샌들보다 아쿠아 슈즈가 좋다. 그리고 이 모든 소지품은 만조 시 수위가 높아지는 '천연' 풀장인 만큼, 젖어도 괜찮은 가방에 최소한으로 준비하도록 하자. 마지막으로 중요한 것은 식사 예약이다. 모든 주변 식당이(르메르디앙 일데뼁, 쿠니 식당)예약제이기 때문에 자칫하면 물놀이로 배가 고픈데도 식사를 못할 수도 있다.

위치 쿠토비치에서 차량으로 30분. 르메르디앙 일데뼁(Le Méridien Ile des Pins)으로부터 도보 15분.

요금 200CFP. 르메르디앙 호텔 투숙객은 무료.

일데뺑은 자연과 문화 모두를 즐길 수 있는 섬이다. 볼거리, 즐길 거리가 많은 편이기 때문에 당일치기보다는 숙박을 하며 돌아보는 편이 낫다. 누메아 근교 섬 중 가장 인기 있는 곳이기 때문에 호텔, 식당, 투어프로그램 등 관광 시설도 잘 갖추어진 편이다.

quick tips!

섬 지역으로 이동 시엔 모자, 슬리퍼, 선크림, 수영복 등 기본적인 물놀이용 의상과 용품들을 챙긴다. 원시림을 걷는 경우를 대비해 트레킹용 운동화, 모기와 벌레를 피하기 위한 긴 바지를 준비하면 좋다. 특히 모기 기피제, 물파스는 꼭 챙긴다. 숲 모기들은 래쉬가드도 뚫고 들어오니, 몸에 붙는 옷보다 헐렁한 옷이 낫다. 참고로 모기들은 검은 색에 더 잘 달라붙는다. 숲의 꽃처럼 화려한 색상의 옷을 고르는 편이 모기를 피하는데 도움이 된다. 일데뺑의 오로풀장이나 해변가 산책을 갈 땐 아쿠아슈즈가 있으면 편하다. 바다를 끼고 있는 리조트들의 경우 대부분 스노클링 장비는 무료로 대여하는 곳이 많다.

Île Des Pins
Sightseeing

생 모리스 기념비 Statue St-Maurice
가톨릭 선교사가 최초로 상륙했던 곳에 세워진 기념비로, 1848년의 첫 미사도 이곳에서 열렸다고한다. 그 선교사 두 명의 이름이, 옷깃을 쥐고 있는 신부상에 쓰여 있다. 그 주위를 지키듯 선 나무장승들은 뱀과 거북 등 멜라네시아의 여러 신들의 형상이다.

생 조셉 만 Baie de St.Joseph
쿠토비치 반대편, 바오마을 옆에 있는 곳으로 피로그 투어의 출발지다. 원주민의 전통 배인 피로그 제작소가 위치한 곳이기도 하다.

바오 마을과 성당 Vao Village & La Chapelle de Vao
섬 남단의 작은 마을로, 일데빵의 중심지이다. 학교, 행정시설, 병원, 우체국, 은행 등이 밀집해 있는 장소다. 섬의 소박한 생활을 보는 것이 가능하다.
바오 성당은 섬 주민들이 미사를 보러 모여드는 마을의 카톨릭 성당이다. 소박하고 옛 느낌 가득한 내부가 정겹다. 기도하는 사람이 있을 때는 사진 촬영을 삼가 하는 편이 좋다.

아침시장
성당 앞에서 매주 수요일과 토요일 열리는 아침시장이다. 품목이 다양하고, 섬에서 수확한 과일과 야채, 식물, 수공예품, 전통가공식품 등이 늘어서 있다.
운영시간 06:00~11:00경

알제리 유형자 묘지
19세기 말에서 20세기 초반의 일데빵은 프랑스의 유형지였다. 그리고 이곳에 보내진 유형자들 중에 당시 프랑스 식민지배에 저항했던 알제리의 독립운동가들이 있었다. 그들은 결코 고향으로 돌아가지 못했으며, 지금까지 그들의 후손이 일데빵에서 공동체를 이루며 살아가고 있다. 번듯한 표지판도 없는 장소이지만, 고향에서 쫓겨난 피식민지인들이 또 다른 식민지를 구축하는 데 이용당했던 슬픈 역사의 무게가 남다른 장소다.

오르텐스 여왕 동굴 Grotte de le Reine Hortense
열대식물원 같은 오솔길을 2분 가량 걸으면 나타나는 이 동굴의 원래 이름은 우마뉴 동굴이지만 어린 여왕의 극적인 사연 때문에 오르텐스 동굴로 더 유명하다. 1855년에 부족 수장의 뒤를 이은 7살 오르텐스 여왕이, 왕위를 빼앗으려는 삼촌들을 피해 수행원들과 함께 1년간 몸을 숨긴 장소인 것이다. 그 후 여왕은 8살에 사촌과 결혼하여 무사히 왕위를 계승했으며, 프랑스가 일데빵으로 죄수를 보내는 일을 중단하는 등 현정을 베풀었다.
위치 쿠토비치로부터 차로 20분
운영시간 09:00~12:00/14:00~16:00 관리인이 없어도 입장 가능하다.
입장료 성인 250CFP, 6~10세 100CFP

능가 봉우리 Pic N'Ga
일데빵을 한눈에 내려다볼 수 있는 높이 262m 봉우리다. 이정표가 모호한 편이지만 길 찾기가 어렵지는 않다. 돌과 진흙이 많은 길을 1시간 가량 걸어가야 하기 때문에 발을 감싸주는 신발과 생수는 필수다.

귀향자 수용소 Vestiges du Bagne
1872~1912년에, 주로 파리 코뮌(1871년 프랑스 파리에서 노동자와 농민의 반란으로 세운 프롤레타리아 자치정부)의 정치범이 수용되었던 수용소 유적이다. 현재는 잡초가 무성한 폐허이지만, 예전에는 3,000여명이 수용되었던 대규모 시설이었다. 지금까지도 건물의 형태가 고스란히 남아 있으며 자유로운 견학이 가능하다.
맞은 편에 위치한 작은 슈퍼에선 섬 유일의 빵 공장에서 갓 구운 바게트를 판매한다.

> **quick tips!**
> 일데빵을 돌아보는 효과적인 방법은 일일투어다. 일데빵의 아름다운 해변과 관광지를 2시간 동안 차로 한 방에 다 돌아볼 수 있다. 루트는 오르텐스 여왕 동굴 - 바오마을 - 쿠토비치 - 생모리스 기념비 등 일데빵의 주요관광지를 두시간 동안 차로 돌아본다. 가기 전 한국 여행사에서 미리 예약하는 것이 편하고 며칠 머문다면 묵고 있는 호텔 리셉션에서도 가능하다.

Special 12

일데빵의 유명한 해변들

1억 4천만 년 전 쥐라기 시대와 동일한 생태환경을 자랑하는 블루리버파크에는 희귀한 동식물들이 가득하다. 동식물학자들에게는 평생에 꼭 한번 가 보고 싶은 동경의 대상, 관광객들에게는 훌륭한 에코 투어리즘(생태 관광) 관광지가 아닐 수 없다.

쿠토 해변 Baie de Kuto
일데빵에서 가장 아름다운 해변으로 4km의 화이트 비치가 인상적인 곳이다. 세계 10대 해변 중 하나로 꼽히는 카누메라 해변까지 이어지는 부니 나무 산책로도 유명하다. 구불구불 힘 있게 올라가는 부니 나무 숲이 색다른 분위기를 자아낸다. 오래된 나무임에도 불구하고 어디 하나 인간의 손길을 타지 않은 그야말로 천연 원시림이다. 마치 밀가루 위를 걷는 듯 푹신한 느낌이 드는 백사장과 옅은 블루에서 짙은 블루까지 시시각각 변하는 바다 빛이 어우러진 아름다운 경치로 많은 연인들에게 사랑받는 로맨틱한 장소다. 석양이 멋지다고 알려져 있다. 우레 호텔과 쿠부니 호텔에 머문다면 두 해변을 동시에 즐길 수 있다.

카누메라 해변 Bais de Kanumera
움푹 들어간 만(灣) 주변은 하얀 모래사장과 푸른 바다. 울창한 숲과 작은 섬, 암석 등으로 둘러싸여 있어 사진 찍기 좋은 포인트다. 작은 섬 주변에 열대어가 모여들기 때문에 스노클링 인기 지역이기도 하다.

우피만 Baie d'Upie
일데빵 본섬과 본섬의 동쪽에 위치한 곳으로, 잔잔한 바다에 작은 산호섬들이 흩뿌려져 있어 물고기들이 많다. 이곳부터 오로풀장까지 트레킹 하기 좋은 오솔길이 나 있다.

낭만적인 삐로그 투어

바람이 제대로 부는 날, 삐로그에 올라 우피만의 아름다운 경치를 감상하며 유람을 하는 것은 일데뺑에서 누릴 수 있는 가장 낭만적인 투어 프로그램 중 하나다.

바오마을 근처에 있는 생조셉만에서 출발하여 우피만까지 1~2시간 이동한다. 미리 예약하고 가는 것이 편하다.

삐로그 투어

삐로그란?
'삐로그'란 원주민의 전통목선을 일컫는 말로, 프랑스어로 '통나무배'를 뜻한다. 길이 12m, 폭 3m 정도의 작은 목선은 갑판 2개를 이어 붙인 다음 통나무를 얼기설기 매달아 균형을 유지하게 했다. 여기에 돛을 매달면 좁은 만의 경치를 구비구비 흐르며 관광하기에 제격인 작은 배가 완성된다. 겉보기에는 조금 어설퍼 보여도 갑판이 넓어 꽤 안정적이고 대략 10명 가량탑승 가능하다.

삐로그 투어 일정 예시

소요시간 7시간
요금 성인 1인 2500CFP, 픽업버스가격 1인 1,250CFP

- 7:45　호텔 출발.
- 8:30　피로그에 탑승. 우피만 크루징
- 10:30　우피만 북쪽 오로반도에 상륙. 원생림 트레킹 (약 60분 소요)
- 11:30　오로풀장(자연풀장) 도착 후 자유시간
- 15:00　호텔 차량으로 호텔 귀환

Île Des Pins
Sightseeing

환상의 무인도
뉴칼레도니아의 우편엽서에 자주 등장해 사람들의 마음을 뒤흔드는 무인도 노깡위는 성시경의 〈잘 지내나요〉 뮤직비디오 촬영지로 유명해졌다. 일일 투어 중 들르게 되는 또 다른 무인도 브로스섬에서는 싱싱한 생선과 랍스터 바비큐로 푸짐한 점심을 즐길 수 있다. 이동경로에서 바다거북과의 수영도 기대해 보자.

Île Des Pins

노깡위 Nokonhui

일데뺑에서 보트로 30분 거리에 위치한 아름다운 무인도다. 푸른 바다 한 가운데 하얀 백사장이 펼쳐진 신기루 같은 작은 섬 노깡위는 일데뺑 방문자들이 일순위로 가고 싶어 하는 곳이다. 노깡위 섬에 도착하면 마치 환상을 보는 것처럼 아름다운 화이트 해변이 눈 앞에 펼쳐지는데, 너무 아름다워 말을 잇지 못할 정도다. 노깡위에서 잠시 머무른 뒤 근처의 모로섬, 브러쉬 섬 등에서 점심 식사를 하고 다시 쿠토비치로 돌아오는 것으로 구성된 노깡위 올데이 투어는 최근 원주민들의 요청으로 당분간 노깡위 방문이 허가가 되지 않아 약간의 일정 변경이 예상된다. 여행 당시 여행사에 문의해 볼 것.

Île Des Pins
Accomodation

르 메르디앙 일데빵 Le Meridien Ile des Pins
잔잔한 우피 만에 접하고 있는 일데빵 유일의 5성급 호텔이다. 방갈로 타입과 일반 룸 타입으로 나뉘는 48개 객실은 잘 관리된 숲 곳곳에 흩어져 있어 프라이버시가 보장되며, 고급스럽게 마감된 넓은 객실 또한 5성 호텔의 수준을 여실히 보여준다. 야외 수영장, 스파 시설, 피트니스 센터, 책과 DVD 렌탈 시설 등을 갖추고 있으며, 오로풀장 입장료는 물론 모든 스포츠 용구들이 무료라는 점이 인상적이다. (스노클링, 카약, 바이크, 자전거 등) 섬의 유명 관광지인 오로 풀장에서 도보 15분, 공항에서 차로 15분인 접근성 또한 발군이다.
위치 Baie d'Oro, bp 175 Ile des Pins, 98832 New Caledonia
문의 +687 265 000 / www.starwoodhotels.com/lemeridien
요금 1박 42만원~(호텔 부킹사이트 검색 기준, 2018년 8월 가격)

일데뺑 숙박을 하는 경우 누메아-일데뺑의 국내선 항공권과 함께 미리 계획한다. 국내선 구간을 원하는 스케줄에 맞추어 개별적으로 예약하는 것은 쉽지 않으므로, 여행 계획 당시 미리 여행사와 상의하는 것이 좋다.
섬이 그리 크지 않으므로 본인의 예산에 맞추어 최소 2박 이상의 숙박을 추천하며, 섬 내엔 호텔을 제외하면 외부 레스토랑이 많지 않으므로, 식사도 함께 예약하는 것이 좋다.

우레 테라 비치 리조트 Oure Tera Beach Resort

잔잔하고 얕아서 아이들도 놀기 좋은 카누메라 베이 바로 앞에 위치하고 있는 4성급 호텔이다. 섬의 남서쪽에 위치하며 도보 반경 내에 부니 나무 산책로, 능가 봉우리 등 자연이 아름다운 방문지들이 가득하다. 30개 방갈로 객실은 서로 멀찍이 떨어져 있어 조용한 휴식이 가능하며, 내부는 다크 브라운 목재로 마감한 덕분에 차분하고 고급스럽다. 각각 해변과 야외 수영장에 면한 레스토랑에서는 현지 재료로 만든 풍성한 식사를 즐길 수 있으며, 해 질 녘 멋진 노을을 바라볼 수 있다. 카약, 카누, 스노클링 장비 등을 무료로 이용할 수 있으며, 장소에 따라 신호가 약한 곳도 있지만 무제한 와이파이를 제공하는 점 또한 강점이다. 주변 환경과 해변이 워낙 멋진 탓에 알아채기 쉽지 않지만, 스파 시설이 없는 등 부대시설에는 그다지 힘을 주지 않은 점은 아쉽다.

위치 Baie de Kanumear BP 170, 98832 Vao, New Caledonia
문의 +687 431315 / www.tera-hotels-resorts.com/hotel,oure
요금 1박 25만원~ (호텔 부킹사이트 검색 기준, 2018년 8월 가격)

쿠부니 Hotel Kou-Bugny

고운 화이트 비치가 아름다운 쿠토 베이 바로 앞에 위치한 호텔이다. 38개 객실은 방갈로와 2층 콘도형 일반 객실로 나눠져 있으며, 일반객실도 1층에 묵을 경우 미니멀한 설비에 생기를 더해주는 나만의 마당과 정원을 가질 수 있다. 쿠부니 호텔의 최대 강점은 레스토랑이다. 식사만으로 이 호텔에 숙박할 가치는 충분할 정도. 페리 선착장(도보 15분 이내)과 공항(차량 15분 이내)에서 모두 가까워 접근 또한 편리하다. 다만 공용 PC 이외 따로 와이파이가 제공되지 않는 점이 아쉽다.

위치 Baie De Kuto , 98832 Kuto, New Caledonia
문의 +687 249 280 / www.kou-bugny.com
요금 1박 17만원~ (호텔 부킹사이트 검색 기준, 2018년 8월 가격)

Île Des Pins
Dining

쿠니 Kougny
일데빵에는 인생 랍스터를 즐길 수 있는 해변가 레스토랑, 쿠니(Kougny)레스토랑이 있다! 이곳은 여행사에서 예약 대행을 해 주지 않으므로, 현지에서 직접 찾아가 예약을 하거나, 리조트에 부탁해 예약을 해야 한다. 워낙 인기 레스토랑이라 예약이 되었더라도 당일 식재료가 부족하면 식사를 못 하는 경우도 있다 하니 가급적 식사일정을 뒤로 미루지 않는 것을 권한다. 찾아가는 길이 다소 험난할 수 있지만 이 또한 좋은 추억이 될 것이다. 숲길에 난 조그만 이정표를 따라 해변쪽으로 나가다 보면 레스토랑이 보일 것이다. 예산은 2인기준 10만원 정도. 현금, 카드 모두 받는다.
위치 Oro Bay, Near La Piscine Natural, Ile Des Pins, New Caledonia
문의 +687 758 131

쿠부니 Kou-Bougny
쿠부니 호텔에서 머문다면 호텔 내 식당 쿠부니에서의 식사가 매우 훌륭하다는 점에서 일단 만족도가 높아질 것이다. 특히 추천하는 메뉴는 일데빵 달팽이 요리(6 escargots farcis de L'Iles des pins, 1,900CFP), 해산물 라비올리(Raviolis de Fruits de mer 2,900CFP)와 크림 브륄레 (Crème brulee au coco 875CFP)인데, 다른 곳에 비해 저렴하기까지 하다. 양이 매우 많은 편이므로 메인메뉴 하나만 주문해도 무리가 없다.
위치 Baie De Kuto , 98832 Kuto, New Caledonia
문의 +687 249 280 / www.kou-bugny.com

일데뺑에서도 미식 여행은 계속된다. 멋진 호텔 다이닝들은 물론, 예약 없이는 맛볼 수 없는 랍스터 맛집 또한 꼭 방문토록 하자.

Île Des Pins

카누메라 Kanumera – 우레 테라 비치 리조트 Oure Tera Beach Resort

아름다운 카누메라 베이가 건너 보이는 우에 테라 비치 리조트의 메인 레스토랑이다. 석식 때만 운영되며, 석양을 바라보며 로맨틱한 식사가 가능하다. 일데뺑 달팽이 요리 (6 Snails of Island of Pines, Garlic and Parcley Butter, 2,500CFP), 오늘의 생선 요리(Fish of the Day, Pineappel and Fresh Herbs Sauce, 2,900CFP)등이 추천 메뉴다. 조식과 중식은 BAR을 겸한 Le Banian Bar&Restaurant에서 진행하며, 어느 레스토랑에서든 키즈메뉴를 운영하고 있어 더욱 좋다.

위치 Baie De Kuto , 98832 Kuto, New Caledonia
문의 +687 249 280 / www.kou-bugny.com

라 삐로그(la Pirogue) – 르 메르디앙 일데뺑 Le Meridien Ile des Pins

실내외 모두 아름다운 인테리어와 화려한 플래이팅, 친절한 서비스가 눈길을 끄는 곳이다. 르 메르디앙의 품격만큼 가격도 다소 높은 편인데, 일데뺑의 대표 음식인 달팽이 요리의 경우 6개 3,550CFP, 10개 5,700CFP으로 책정되어 있다. 본토 프랑스 미식을 즐기기에 좋은 곳이다.

위치 Baie d'Oro, bp 175 Ile des Pins, 98832 New Caledonia
문의 +687 265 000 / www.starwoodhotels.com/lemeridien

Iles Loyaute

우베아. 리푸. 마레섬

멜라네시안 문화가 살아있는 로와요떼 군도

로와요떼 군도(로열티 아일랜드)는 북에서 남으로 우베아, 리푸, 마레섬 순으로 위치한다. 부족사회의 전통이 강하게 남아있는 곳이라 개발이 제한적이며 그 덕분에 원시에 가까운 자연환경을 그대로 유지하고 있다. 이 지역을 여행할 때는 부족의 터부나 관습에 벗어나지 않게 각별한 주의가 필요하다. 관광 루트에서 벗어난 지형지물이나 장소는 들어가기 전 반드시 현지인의 확인을 구해야 하며, 사진 촬영이나 드론 촬영 시 제한되는 곳이 많으니 유의한다.

마젠타 공항에서 이동 Air transportation

본섬인 라 그랑 떼르엔 두 개의 공항이 있다. 그 중 국내선 전용공항인 마젠타에서 로와요떼 군도의 마레, 우베아, 리푸 섬으로 가는 국내선이 있다. 안타깝게도 섬끼리 경유하거나 서로 통하는 항공편은 없어 반드시 본섬으로 다시 돌아와 다른 섬으로 가는 비행기를 다시 타야 한다. 일데뺑 외에 로와요떼 군도의 섬까지 모두 돌아보고 싶다면 시간이 꽤 많이 필요하다.

Loyalty Islands
Ouvéa Map

우베아 가는법
누메아 마젠타 공항에서 국내선 비행기로 40분 정도 거리에 있으며, 수속 및 탑승시 여권이 필요하다. 짐은 10kg까지 허용된다.

우베아 Ouvéa

뉴칼레도니아에는 유독 일본인 관광객들이 많다. 그리고 그들에게 뉴칼레도니아를 알린 일등 공신은 일본 작가 모리무라 카츠라가 1966년에 발표한 소설 〈천국에서 가장 가까운 섬〉과 우베아라고 할 수 있다. 차후 영화화까지 된 이 소설에서 천국에서 가장 가까운 섬으로 묘사한 곳이 바로 이 우베아이기 때문이다.

우베아는 산호초가 융기해서 만들어진 활 모양의 좁고 긴 섬으로, 서쪽 편에는 25km의 파우더 화이트 샌드비치가 이어진다. 세상에서 가장 아름다운 비치 중 하나로 손꼽히는 물리 비치(Mouli Beach)가 그것이다. 섬 전체는 우베아 섬과 물리 섬 두 개로 나누어 있으며, 이 두 섬을 이으며 서쪽의 조용한 라군과 동쪽에는 광대한 해안을 내려다볼 수도 있는 물리 다리(Mouli Bridge)가 포토 포인트다.

다른 섬들에 비해 원시에 가까운 자연환경을 유지하고 있을 만큼, 이곳은 부족사회의 전통이 유달리 강하게 남아 있는 섬이다. 따라서 그들의 터부나 관습을 해치지 않도록 각별한 주의가 필요하다. 가령 관광루트에서 벗어난 지형지물이나 장소는 함부로 오르거나 들어가기보다 현지인의 확인을 먼저 구해야 하며, 드론 촬영 시에는 미리 부족장의 허락을 구해야 한다. 이와 같은 이유로, 우베아 투어는 호텔이나 현지 여행사의 투어에 참여하는 것을 권장한다. 더불어 민박 이나 캠핑장외 시설 좋은 호텔이 태부족이기 때문에 숙소는 예약하기를 권한다.

우베아 관광정보 문의 https://www.iles-loyaute.com/en

Loyalty Islands

초승달 모양의 우베아 섬은 자그마치 25km나 끝없이 이어지는 백사장과 우베아의 상징이라고도 할 수 있는 물리다리(Le Pont de Mouli)가 유명하다. 우베아 섬은 전체가 유네스코 자연유산으로 등록되어 있다. 세 섬 중 크기가 가장 작다.

생 조셉 교회 Saint Joseph Church

아나와 블루 홀 Hanawa Blue Hole

Ouvéa Airport

파야우에 섬 Fayaoue

파라디 우베아 리조트 Paradis d'Ouvéa

물리 해변 Baie de Mouli

물리 다리 Le Pont de Mouli

레킨 해변 La Baie de Lekiny

물리 교회 Èglise du Saint Nom de Marie à Mouli

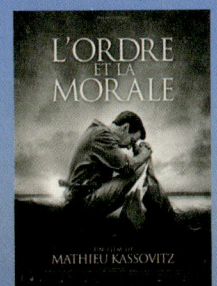

모리무라 가츠라 (森村 桂)

뉴칼레도니아와 우베아는 일본 소설가 모리무라 가츠라의 동상이라도 세워야 하지 않을까 싶다. 동양에서 뉴칼레도니아를 가장 많이 방문하는 나라가 일본인 데에는 그녀가 발표한 소설에서 구축한 이미지가 한몫을 하고 있기 때문이다. 1940년에 소설가 도요다 사부로(故豊田三郎)의 딸로 태어난 모리무라 가츠라(본명 카츠라 미야케)는, 홀로 뉴칼레도니아에서 모험을 한 이야기를 바탕으로 소설을 집필하게 된다. 그것이 '천국에서 가장 가까운 섬'으로, 제목이 묘사하고 있는 섬은 우베아를 이른다. 이 소설이 200만 부의 판매고를 올려, 모리무라는 단숨에 베스트셀러 작가가 되었다. 또한 소설은 드라마, 연극, 영화화(1984년)되어 일본인들에게 뉴칼레도니아를 널리 알리게 된다. 책은 1964년 출간된 것으로 기록되어 있다.

소설 〈천국에서 가장 가까운 섬〉

일 년 내내 꽃이 피고 망고, 파파야가 주렁주렁 매달린, 맹수도 독충도 없으며 일하지 않아도 되는 꿈과 같은 섬. 도쿄의 여고생 마리 카츠라기는 '천국에서 가장 가까운 섬'에 언젠가 함께 가자고 했던 돌아가신 아버지의 말씀을 기억하고 뉴칼레도니아를 방문한다. 그리고 그곳에서 가이드 행세를 하는 유이치 후카야라는 남자, 그리고 일본인 3세 청년 타로를 만난다. 아버지가 말했던 그 섬을 찾아다니는 그녀의 이야기를 듣고 유이치는 일데빵으로 데려간다. 하지만 그곳은 아버지가 말했던 천국이 아니었다. 타로는 우베아 섬을 가르쳐준다. 그러나 이곳 또한 그녀가 생각했던 천국은 아니었다. 하지만 예상치 못한 사고로 우베아에 더 머물게 되면서 타로에 대한 호감, 섬과 섬사람들의 아름다움을 느끼게 된다. 그리고 일본으로 돌아온 마리는 이전의 어둡던 성격에서 밝은 성격으로 변모한다.

우베아 돌아보기
차량투어
2명 이상 가능한 투어로 전날 저녁 8시 30분 이전까지는 예약해야 한다. 미네랄 워터 한 병과 우베아 섬 지도가 제공된다. 루트 : 호텔 → 파야우에 해변 → 아나와 블루 홀 → 생 조셉교회 → 레키니 절벽 → 물리다리 → 물리교회 → 호텔

요금 1인당 4,000CFP/ 운영시간: 월~토 오전 9시~12시, 3시간 소요
문의 여행사, 파라디 우베아 호텔 (687) 45 54 00, 로얄티 군도 관광안내소 (687) 28 93 30

자전거
우베아는 도로가 하나 뿐이기 때문에 길을 잃을 염려가 없이 자전거로 섬 관광이 가능하다. 섬의 유일한 리조트인 파라디 우베아에서는 렌탈 서비스를 운영하고 있다. 4시간 기준, 지도와 미네랄 워터 제공.

요금 2,000CFP(자전거만 렌탈)
문의 파라디 우베아 호텔 (687) 45 54 00

Loyalty Islands
Ouvéa Sightseeing

물리 해변 Baie de Mouli

우베아 섬 전체 40km 해변 중 5km를 차지하는 이곳은, 우베아 섬에서 가장 아름다운 비치임에 틀림없다. 들고 나는 파도에 따라 모양이 바뀌는 하얀 사구와 맑고 푸른 바다가 어딜 찍어도 그림이다.

뉴칼레도니아 내에서도 손꼽히는 아름다운 자연, 그리고 원주민들의 문화를 함께 느낄 수 있는 조용한 섬 우베아는 작지만 알찬 섬이다.

quick tips!

여기가 촬영 포인트
우베아에서 최고의 경치를 감상할 수 있는 물리다리 위에 서면 하얀모래사장과 청명한 하늘, 그리고 말로 형용할 수 없이 아름다운 바다가 만들어내는 환상의 하모니에 저절로 탄성이 나온다.

물리 다리 Le Pont de Mouli
우베아 본섬과 물리섬을 연결하는 다리로, 1984년에 건설되었다. 다리 위에서는 레킨 해변과 물리 섬을 조망할 수 있으며, 다리 밑에는 바다거북과 열대어, 바다 가오리가 뛰어 논다. 푸른 바다와 백사장을 배경으로 사진 찍기에 좋은 포토 포인트이기도 하다.

생 조셉 교회 Saint Joseph Church
우베아 최북단인 Weneki 지역에 있는 천주교 성당이다. 빨간 고깔모자를 쓴 듯한 지붕이 물리 교회와 닮았지만, 크기가 조금 더 작다. 백색 바탕에 크림색 포인트로 소박한 외부만큼 내부 또한 간결하다.

물리 교회 Église du Saint Nom de Marie à Mouli
태양볕을 닮은 노란색 몸체에 빨간 뾰족 지붕을 올린 모습이 동화 같은 천주교 성당이다. 우베아 최남단 물리섬에 위치해 있으며, 물리 섬 내 가장 큰 건축물이기도 하다. 십자(十字)형 내부는 미사시간 외에만 둘러볼 수 있으며, 일요일 미사에는 색색깔의 미션로브(선교사들이 전래한 원주민들의 의상)를 입은 주민들이 모여드는 진풍경을 볼 수도 있다.

Loyalty Islands
Ouvéa Sightseeing

레킨 해변 La Baie de Lekiny
파야와 부족의 낚시 관습이 남아 있는 이곳은 해변으로 향해 있는 동굴과 깎여 나간 듯한 절벽 등 독특한 지형으로 유명하다. 전문 가이드와 함께 방문해야 한다.

비누공장/ 코코넛 오일 공장/ 바닐라 재배지
특별히 큰 가게가 없는 소박한 섬이므로 반드시 예약을 하고 방문하는 것이 좋다. 와드릴라(Wadrilla) 부두 근처에 위치한 코코넛 오일 공장은 월~목요일까지만 방문 가능하다. 역시 부두 근처에 위치한 비누 공장도 입장료는 없다. 바닐라 빈을 구입하고 싶다면 바니코(Vanico)에 위치한 바닐라 재배지를 방문할 수 있다. 방문 전 전화 문의 필수.
코코넛 오일공장 : 코코넛 비누 한 장 150~300CFP 전후
오픈 화, 목 08:00~11:30/13:30~15:30
문의 45 10 60

아나와 블루 홀 Hanawa Blue Hole/ Le trou bleu d'Hanawa
우베아 중부에서 북부로 올라가는 좁은 길목을 지나다 보면 도로 옆에 아나와 블루 홀이 자리하고 있다. 양 편 해변으로부터 50m나 떨어진, 그것도 울창한 산림 한 가운데 뻥 뚫린 구멍에 푸른 물이 가득 찬 이 신기한 지형은 우베아가 감추어 둔 비경이라 할 수 있다. 아마도 운석 때문에 생성된 것으로 추측되는 이 거대한 구멍에는 담수와 해수가 어우러져 가득 차 있는데, 하도 수심이 깊어 바게트 빵 조각을 던지면 던진 조각을 20초가량 볼 수 있을 정도다.

파야우에 섬 Fayaoue
우베아 공항에서 차량 약 8분 거리에 있는 동부연안으로, 25km 백사장이 펼쳐지는 우베아의 하이라이트 지역이다. 어류들이 안심하고 산란할 수 있도록 해변에서의 수영은 금지이며, 앉아 쉴 곳이 필요하면 작은 개신교 교회에 들를 수도 있다.
위치 물리 섬 동쪽, 물리 다리 건너 물리 해변 맞은 편

Loyalty Islands
Ouvéa Accomodation

파라디 우베아 Paradis d'Ouvéa

섬의 남단, 화이트 샌드가 아름다운 물리 비치 바로 앞에 면하고 있는 4성급 호텔이다. 전 객실 독채 방갈로인 34개 객실은 5개의 카테고리로 나뉘는데, 이 중 3개 클래스가 이 유명한 화이트 비치 바로 앞에 위치하고 있다. 일본 디자이너 요지 야마모토(Yohji Yamamoto)의 손길이 닿은 단정한 객실은 10~22㎡에 달하는 널찍한 테라스가 특징적이며, 스파 카테고리라면 이 테라스에서 개인 스파를 즐길 수도 있다. 부대시설로는 야외 수영장과 레스토랑 2개를 갖추고 있으며 공용 스파는 따로 존재하지 않는다. 와이파이는 공공장소에서만 가능하다. 섬에서 이 호텔 외의 숙박옵션은 2성급 호텔과 민박, 캠핑장뿐인 만큼 우베아 최고의 숙박시설이라고 단언할 수 있다.

위치 Tribu de Fayawa, 98814, Ouvéa, New Caledonia
문의 +687 455400 / www.paradisouvea.com
요금 1박 23만원~ (호텔 부킹사이트 검색 기준, 2018년 8월 가격)

132.1km^2인 우베아 섬은 일데뺑(152.3km^2)이나 리푸 섬(1,150km^2)보다 그 크기와 방문할 곳이 적기 때문에 당일치기 여행객이 많은 편이다. 하지만 이 섬의 정취를 온전히 느끼려면 역시 숙박을 하는 편이 좋다.

quick tips!

기타 숙소들

Hotel Le Beaupres
우베아 공항에서는 차로 5분, 파야우에(Fayaoué) 해변까지는 도로 하나만 건너면 닿을 수 있어 접근성이 훌륭한 호텔이다. 방갈로인 13개 모든 객실은 테라스와 함께 작은 부엌까지 갖추고 있어 더욱 편안하고 경제적이다. 호텔 내 레스토랑에서 식사는 물론, 각종 베이커리류도 판매한다.
위치 Baie de Fayaoue Hnyimaha BP 52-98814-Fayaoue Ouvéa
문의 +687 277 050 www.hotelbeaupre.nc / reservation@hotelbeaupre.nc
요금 1박 약 17만원~ (호텔 홈페이지 검색 기준, 2018. 8월 가격) 온라인 부킹 시 10% 할인 적용.

Camping de Lekine
물리 섬(Mouly)에서 레키니 섬(Lekiny)으로 향하는 길목, 레킨 절벽 반대편에 위치한 캠핑장이다. 2개 화장실, 2개샤워실, 공용 부엌 등이 갖춰져 있어 사용자들의 편의를 돕는다.
위치 레킨절벽 반대편
문의 + 687 92 55 12/ (로열티 아일랜드 숙박 문의 담당부서) responsable.agence@loyaltytours.nc
요금 1인 1,050CFP, 2인 1,575CFP

Loyalty Islands
Ouvéa Dining

Snack Didewaa Mafatou Sur Mer
작지만 손맛 좋은 마을 식당이다. 반드시 예약을 해야 이 곳의 가정식 부냐를 맛볼 수 있다. 다채로운 근채류와 생선/고기, 코코넛 밀크가 어우러져 담백하면서도 감칠맛이 돈다. 터키색 바다가 건너다보이는 화이트비치 너머에 있어 천국과도 같은 전망이 매우 아름답다.
위치 Tribu de Mouli -BP269, 98814, New Caledonia
문의 +687 97.85.64

La Part Des Ages
파라디 호텔(Paradis Ouvéa)의 메인 식당이다. 간단하게 요기할 수 있는 파니니(800CFP)부터 든든한 튜나와 살몬 타르타르(2,800CFP)까지 다채로운 메뉴를 취급한다. 조식, 중식, 석식 모두 운영한다.

Les Jardins D'Eden
파라디 호텔(Paradis Ouvéa)에 있는 스낵 식당이며, 정오부터 오후 4시까지만 운영한다.
위치 Tribu de Fayawa, 98814, Ouvéa, New Caledonia
문의 +687 455400 /www.paradisouvea.com

조용한 섬 우베아에는 최소한의 식당만이 자리하고 있다. 하지만 다채로운 호텔 레스토랑과 소박하고 담백한 마을 식당 덕에 매끼 식사가 맛있다.

yam

cassava

taro

quick tips!

얌
속이 노란 대형 고구마/마의 모양새다.
닮은 꼴인 '마'가 이 속에 속한다.
단백질 함량이 40%에 달하는 건강식품이다.

카사바/만지오카
속이 하얗고, 길쭉한 고구마처럼 생겼다.
타피오카의 재료다.
술/알코올로 발효할 수 있다.
자연상태에서는 독성이 있기 때문에 세척/압축 등의 과정을 거쳐야 한다.

타로
거대한 토란처럼 생겼다.
한국에서 재배하는 토란은 타로가 변화한 종이다.

Loyalty Islands
Lifou Map

누메아-리푸 이동하기
항공
에어칼레도니아 항공기로 이동. 소요시간은 40분. 수화물은 10kg까지만 허용되며 수속 및 탑승 시에는 여권이 반드시 필요하니 꼭 챙겨야 한다.

리푸 Lifou
리푸 섬의 면적은 1,150㎢로, 로열티 아일랜드 군도에서 가장 큰 섬이다. 나름 규모 있는 지역이지만 리푸의 시간은 천천히 흐른다. 대중교통은 하루 3번 운행하는 공항-시내버스뿐이고, 크루즈 관광객들이 하선하는 부두 주변을 제외하고는 마치 내 앞마당인 듯한 한적함을 즐길 수 있다. 그런 리푸의 가장 큰 매력은 다른 섬들보다 다양한 자연환경을 즐길 수 있다는 것이다. 뉴칼레도니아 어디나 그렇 듯 바다거북이 출현하는 깨끗하고 아름다운 바다는 기본, 섬을 둘러싼 순백의 모래사장, 드라마틱한 절경을 보여주는 해상 절벽들, 깊은 정글 등 한 섬에서 전혀 다른 경험들이 가능하다. 뉴칼레도니아에서 손꼽히는 다이빙 절경(Jinek bay) 또한 이곳에 있다. 바닐라의 명산지이자 집합지인 만큼 바닐라 관련 쇼핑이나 견학도 가능하다. 섬은 한적하나 규모 있는 호텔이 두 군데 정도 있다.
리푸 관광정보 문의 https://www.iles-loyaute.com/en/

Loyalty Islands

- 조킨 절벽 Jokin Cliffs
- 지넥 베이 Jinek BayY/Natural pool
- 리푸 공항 Lifou Airport
- 메종 드 라 바니으 Maison de la Vanille
- 노트르담 드 루르드 성당 La chapelle Notre-Dame-de-Lourdes
- 펭 비치 Peng Beach
- 드레후 빌리지 Hotel Drehu Village
- 웨 교회 L'église de We
- 오아시스호텔 Hotel Oasis de Kiamu
- 루엥고니 해변과 루엥고니 동굴 Plage de Luengoni&Grotte de Luengoni
- 호지 Xodie

Loyalty Islands
Lifou Sightseeing

조킨 절벽 Jokin Cliffs
리푸 섬 최북단에 있는 단애절벽이자 전망 스폿이다. 푸르고 푸른 태평양을 끝도 없이 바라볼 수 있다. 석양명소로도 유명하다.

뉴칼레도니아 본섬 다음으로 큰 리푸 섬은 큰 규모만큼이나 곳곳에 볼거리가 숨겨져 있는 섬이다. 호주에서 출발한 크루즈가 정박하는 곳이라 크루즈 관광객들로 항구가 북적이는 모습을 볼 수 있다.

Loyalty Islands

노트르담 드 루르드 성당 La chapelle Notre-Dame-de-Lourdes
섬의 북단에 위치한 관광지는 노트르담 드 루르드 성당이 대표적이다. 깎아지른 듯한 절벽에 세워진 작고 허름한 성당은 1898년 적들의 침입을 알리는 봉화대가 있었던 자리에 프랑스 선교사들이 세웠다. 지나치다 싶을 정도로 검소한 성물이 특징적인 이 성당은 원주민들과 여행객들이 잠깐씩 들러 약식기도를 올리는 곳으로 활용되고 있다.
위치 에아소 지역 내

웨 교회 L'église de We
산호석으로 쌓아 올린 교회로, 순백의 벽면이 푸른 하늘과 바다와 눈부시게 대비된다. 교회가 위치한 웨 지역은 각종 공공시설이 모여 있는 리푸의 중심지이다.
위치 웨 지역 내

Loyalty Islands
Lifou Sightseeing

지넥 베이 JINEK BAY/Natural pool
샤워시설도, 탈의시설도 없는 그야말로 천연 풀장이다. 뉴칼레도니아에서 손꼽히는 다이빙 절경이기도 하다. 근처에 크루즈 선착장이 있어서 크루즈 휴양객들이 도착하는 때면 입장객들로 꽤 붐비며, 이 때는 소정의 입장료도 받는다. 같은 이유로 근처에는 관광객들을 상대로 하는 작은 장이 열리는데, 가격은 시내보다 조금 비싼 편이다.

조르드 절벽 Xorde Cliffs
섬 가장 남쪽에 위치한 해안절벽으로 파도가 바다에 부딪치는 절경이 예술이다. 가이드와 동반해야 방문 가능하다.

Loyalty Islands

펭 비치 Peng Beach/ Pend Beach
화이트 샌드 비치와 바위들, 동굴들이 어우러진 아름다운 해변으로 특히 일몰이 멋지다.

루엥고니 해변과 루엥고니 동굴
Plage de Luengoni&Grotte de Luengoni
루엥고니 해변은 하얗고 아름답기로 손꼽히는 곳이다. 리푸 섬은 전반적으로 관광객이 적기 때문에 이러한 절경도 마치 나만의 프라이빗 비치인 양 한적하게 풍광을 즐기며 해수욕을 할 수 있다.
위치 로씨 지역 내

Special 13

바닐라의 섬 : 리푸

리푸 섬은 명실상부한 바닐라의 섬이다. 뉴칼레도니아에서 바닐라가 처음 전래된 곳이거니와, 최대·최고 생산지의 명성을 지키는 곳이기 때문이다. 뿐만 아니라 리푸 섬은 현재 뉴칼레도니아 전국에서 재배된 바닐라가 출하 전 한 데 모이는 집결지이기도 하다. 매년 10월이면 바닐라 축제 또한 볼 수 있다.

바닐라 농장 Vanilla Farm
뉴칼레도니아 섬 곳곳에서 바닐라가 집결하는 리푸 섬에서는 바닐라 농장을 방문해 보자. 바닐라 농장을 방문하고 싶다면 미리 방문 예약을 하는 것이 좋다. 방문지는 Chez Weniko Qatr, Jozip, Lifou/ La Vanille Joyeuse, Chez Lues, a la tribu de Mu, Lifou 등을 추천한다.
추가 정보 https://www.newcaledonia.travel/au/gastronomy-wine/local-products/islands-vanilla

메종 드 라 바니으 Maison de la Vanille

메종 드 라 바니으(Maison de la Vanille)에서는 바닐라로 만든 모든 제품이나 바닐라를 구입할 수 있다.

위치 Hnathalo BP 50 98820 We Lifou Nouvelle-Calédonie
문의 +687 479 246/ +687 825875 / https://www.newcaledonia.travel/en/business-directory/activities/maison-de-la-vanille-des-iles-loyaute
영업시간 월~금 07:30~11:30/ 13:00~17:00

바닐라란 무엇일까?

바닐라는 일종의 난초다. 신기한 것은 세상에는 약 25,000개의 난초가 있는데, 그 중 유일한 식용난초가 바로 바닐라라는 사실이다. 우리가 즐기는 바닐라 향은 바로 이 바닐라의 꼬투리를 오랜 시간 발효시킨 것이다. (바닐라 빈)

바닐라의 역사

멕시코에서 재배되던 바닐라는 스페인의 침공으로 인해 16세기, 유럽에 소개되었다. 그런데 바닐라를 멕시코 외 지역에서 재배하기까지는 약 300년의 시간이 더 흘러야 했다. 멕시코 및 중남미에만 서식하는 신열대구난초벌만이 바닐라 꽃을 수정시킬 수 있었기 때문이다. 그러던 19세기의 어느날 간단한 인공 수정법이 발견되면서 뉴칼레도니아, 마다가스카르 등 다양한 지역으로 바닐라가 퍼져 나가게 되었다.

바닐라 제조법

천연 바닐라를 발효시켜 향신료로 쓸 수 있는 바닐라빈을 얻기 위해서는 5년의 시간이 필요하다. 인공수정부터 시작하여 수분을 제거하고 발효하는 등 적어도 6가지 과정을 거쳐야 달콤한 바닐라 향을 얻을 수 있는 것이다.

간단히 사용하는 바닐라

커스터드 크림 등 다양한 곳에 풍미를 더해주는 바닐라. 그 보관과 활용법이 그리 어렵지 않다. 설탕 통 안에 넣어 보관하면 바닐라 향이 밴 바닐라 슈가를, 무향 오일 안에 넣어 두면 흰 살 생선 요리 등에 쓰기 좋은 바닐라 오일을 만들 수 있다. 제과제빵 시 약방의 감초처럼 사용할 수 있는 바닐라 에센스는 화이트 럼/무향 바카디에 바닐라 빈을 넣어 보관하면 쉽게 완성할 수 있다.

Loyalty Islands
Lifou Sightseeing

호지 XODIE
깎아지르는 벼랑이 광대한 길을 이루고, 그 아래 철썩거리는 퍼런 대양의 모습이 호주의 골든코스트를 연상시키는 곳이다.

> **quick tips!**
>
> **가이드와 함께 하는 하이킹** Guided Hiking
> 숲길을 걸어 아무도 모르는 숨겨진 해변으로 인도하는 한 두 시간 내의 하이킹 코스들이 많다. 호텔에 문의하거나 여행사를 통해 미리 예약해야 하며 하이킹 복장과 수영복을 반드시 챙겨간다.
> 하이킹 코스를 함께 하다보면 키키 해변 같은 아름다운 곳에 잠시 머무를 수 있다. 키키 해변은 관광지도에는 나오지 않아도 현지인과 함께 방문할 수 있는 숨겨진 해변이다.
> 우거진 정글을 한참 걷다 보면 나무 사이로 모습을 드러낸다. 정글 끝에서 한숨을 고르고 사다리로 절벽을 내려가면 화이트 파우더비치와 터쿠아즈 물 빛깔이 아름다운 환상적인 바다가 펼쳐진다. 풍경이 아름다운데다 꽁꽁 숨겨져 있다 보니 인적이 드물어 무인도나 인간계 너머에 머무는 기분이다. 길이 나 있긴 하지만 야생미 충만한 정글을 지나야 하기 때문에 투어/가이드 이용은 필수이며 신발 등 복장을 제대로 갖출 필요가 있다. 투숙 중인 호텔, 여행사를 통해 투어/ 가이드 예약이 가능하다.

Special 14

현지인 마을 방문하기

리푸 뿐만 아니라 뉴칼레도니아 곳곳에는 까낙의 전통 마을들이 자리하고 있다. 기회가된다면 전통 마을을 방문하여, 까낙 문화를 체험해 보자.

원주민이나 원주민 가옥 사진을 찍을 때 양해를 구하는 것이 좋다. 또한 신성한 장소로 여겨지는 곳의 바위 같은 곳에 함부로 올라가도 안된다. 구역 내에 출입할 때에는 주민의 허락을 먼저 구하도록 하자.

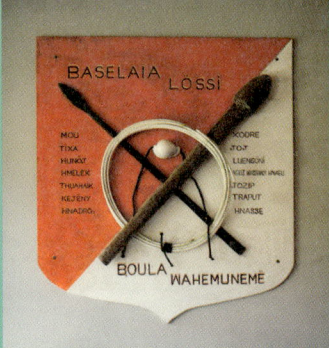

전통 마을
까낙은 전통적으로 부족장이 이끄는 부족 공동체를 영위하며 살고 있다. 그리고 이때 부족장의 관리 지역은 셰프리(Chefferie)라고 한다. 까낙 공동체에서 부족의 권한은 매우 강한 편으로, 부족 내·외민들로부터 존중을 받는다. 가령 매년 추수감사절이면 부족민들이 부족장 댁에 추수한 '얌'을 바치며, 외부인이 까낙 마을을 방문할 때에도 가장 먼저 부족장께 소정의 선물을 바치며 허락을 받아야 한다.
까낙 문화는 자연을 신성시하며 함께 어우러져 살아간다. 그래서 공동체 거주 지역에 가게 된다면 자연물을 함부로 기어 오르는 일은 삼가 하는 편이 좋다. 해당 부족의 신성물일 수도 있기 때문이다. 뉴칼레도니아가 깨끗한 자연을 보존하는 이유 또한 난개발을 저지하는 부족민들의 영향력이 크다고 하겠다.

전통 가옥
까낙의 전통가옥의 이름은 까즈 (Case)로, 부족장이 살고 있는 곳은 따로 그랑 까즈 (Grand Case)라 부른다. 원추형으로 올려 세운 까즈의 기둥들에는 의미가 숨겨져 있는데, 까즈를 지탱하는 중앙 기둥은 부족장을 의미하며 중앙 기둥으로 모여드는 각 기둥은 해당 부족장이 관할하는 하위 부족군의 수를 의미한다.

전통마을 방문 방법
누메아 도심부만 아니라면, 뉴칼레도니아에서 전통 마을을 찾아보는 일은 어렵지 않다. 방문을 원한다면 가장 빠르고 정확한 문의 방법은 묵고 있는 호텔의 리셉션을 통하는 것이다. 뉴칼레도니아의 호텔은 지역 원주민 사회와 밀접히 연계돼 있기 때문이다.

Special 15

카낙(Kanak)문화 이해하기

뉴칼레도니아에 살고 있던 멜라네시안 원주민들, '카낙'은 현재 프랑스 국적을 가지고 모든 혜택을 누리지만 '카낙'임을 잊지 않는다. 전통을 지키며 공동체 생활을 하고 있다.

플레체 페티에르 Flèche Faîtière

카낙 문화를 상징하는 중요한 심볼 중 하나로 멜라네시안 전통 오두막집 까즈(Case)의 지붕 위에 뾰족하게 올라간 목각 첨탑, 플레체 페티에르를 꼽는다. 창처럼 하늘로 뾰족히 솟은 이것은 보통 마을의 부족장(Chief)의 집인 그랑 까즈(Grande Case)의 지붕 위를 장식하고 있다. 플레체 페티에르는 부족장의 권위를 상징하며 하늘(내세)과 땅 (현세)을 잇는 중간 매개체 역할을 하고 있다. 카낙 깃발에도 이 문양이 삽입되어 있다.

까즈 Case / 그랑 까즈 Grand Case / 셰프리 Chefferie

리푸 섬에 가면 멜라네시안 전통 마을을 방문할 기회가 있다. 이들의 전통가옥을 까즈(Case), 부족장이 살고 있는 오두막을 그랑 까즈(Grand Case)라 하고, 이들이 공동체를 이루고 살고 있는 부족장의 지배 지역을 셰프리(Chefferie)라고 한다. 까즈엔 남자와 여자의 문이 따로 존재하며 문이 작아 고개를 숙이고 들어가야 한다. 그랑까즈의 내부는 시멘트로 된 바닥위에 매트를 깔고 생활하는 간단한 구조이며 손님을 접대하기도 하고 마을 회의를 하는 공적 공간으로도 쓰인다. 마을엔 까즈 뿐만 아니라 현대식 가옥도 있다. 모든 이들이 까즈에서 생활하는 것은 아니다.

부족을 방문할 경우 족장에 대한 존경의 표시로 파레오(전통의복), 담배, 지폐(돈) 같은 작은 선물을 준비해야 한다.

마을 구역의 해변에선 탑리스 수영복이나 나체는 금지되어 있다. 마을 방문시엔 단정한 옷차림이 바람직하다.

Loyalty Islands

Lifou Accomodation

오아시스호텔 Hôtel Oasis de Kiamu

리푸 섬 중남부, 멋진 융기산호 절벽이 늘어선 조지프(Jozip) 해안 바로 앞에 위치하고 있는 2성급 호텔이다. 18개 객실 모두 독채형이며, 인테리어는 군더더기가 없고 객실은 넓다. 특히 패밀리룸은 4인 이상 가족이 넉넉히 사용 가능할 정도의 크기다. 야외 수영장은 24시간 내내 이용이 가능하며, 예약 시 마사지도 신청할 수 있다. 작은 바가 딸린 레스토랑은 신선한 재료를 사용하여 맛이 깔끔하며, 지척에서 들려오는 파도 소리는 덤이다. 수도 누메아에서도 만나기 힘든 무제한 와이파이를 제공할 정도로 편의성과 실속을 위해 노력한 호텔이다.

위치 HNAEU'S TRIBE Po Box 417 98820 WE LIFOU NEW CALEDONIA
문의 +687 451500 / www.hoteloasisdekiamu.nc/indexen.htm
요금 1박 17만원~ (호텔부킹사이트 검색 기준, 2018년 8월 가격)

리푸 섬(1,207km²)은 부산(767.4km²)보다 크고 제주도(1,848km²)보다 약간 작은 규모의 섬이다. 꽤 큰 규모인 만큼 숙박은 거의 필수라고 할 수 있다. 숙소 형태는 대부분 바다를 면한 방갈로형 숙소다.

드레후 빌리지 Drehu Village

샤토브리앙 베이(Chateaubriand Bay)를 따라 늘어선 방갈로 단지형 3성 호텔이다. 28개 방갈로와 2개 스위트 객실 모두 개인 발코니가 갖춰져 있으며, 전체 객실수의 반 이상인 18동이 작지만 아름다운 비치 바로 코 앞에 위치, 진정한 비치뷰를 자랑한다. 목재로 지어진 객실 내로 들어가면 시원한 통 창이 햇살과 외부 경관을 그대로 방에 끌어온다. 부대시설로는 야외 수영장, 바, 레스토랑 등을 갖추고 있으며, 자전거 등을 유료 렌탈할 수도 있다. 예약 시 마사지도 가능하다. 공항과 슈퍼마켓 등이 위치한 시내에서 모두 가깝다는 것 또한 장점이다. (공항으로부터 21km 지점, 시내까지 도보로 10분 이내)

위치 Baie de Chateaubriand BP 265 WE 98820 Lifou Nouvelle-Calédonie
문의 +687 450270/ www.hoteldrehuvillage.nc
요금 1박 17만원~ (호텔 홈페이지 기준)

Loyalty Islands
Maré Map

누메아-마레 이동하기
항공
에어칼레도니아 항공기로 이동, 소요시간은 40분. 수화물은 10kg까지만 허용되며 수속 및 탑승시에는 여권이 반드시 필요하니 꼭 챙겨야 한다.

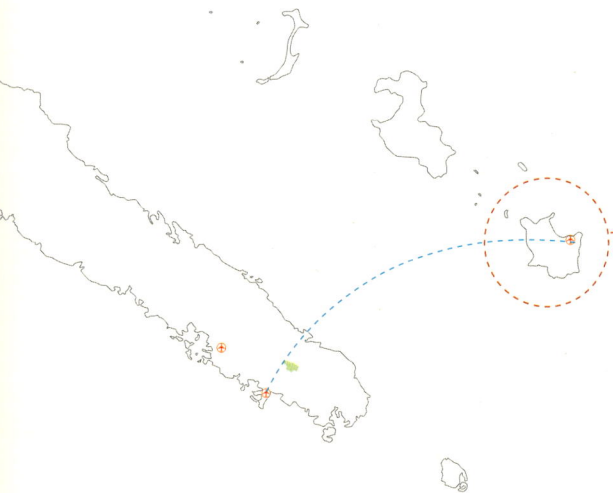

마레 Maré
로와요떼 군도 남쪽에 떠 있는 마레 섬은 로열티제도에서도 가장 야생적인 분위기를 간직한 섬이다. 원주민어로 넹고네(Nengone)로 불리는 이곳은 섬 내 대부분이 손 대지 않은 정글로 뒤덮여 있기 때문에, 모험을 즐기기에 좋다. 굴 속에 자연적으로 생긴 천연 수족관, 용사의 전설이 내려오는 단애절벽 등이 유명하며, 물고기떼로 가득한 바다는 최고의 스노클링 스팟이다. 특히 마레 섬 곳곳에 흩어져 있는 동굴을 탐사하려면 호텔에서 운영하는 투어 프로그램/렌터카를 이용해 관광하는 것이 좋다.
넹고네 관광안내소
운영시간 월~금 07:30~11:30/12:30~16:30
문의 https://www.iles-loyaute.com/en / sinengone@gmail.com + 687 45 41 07

Loyalty Islands

가파른 절벽과 현무암, 거무스름한 숲 사이로 대조를 일는 매혹적인 새하얀 작은 절벽들, 해각과 열대나무 주위로 순박한 긴 해변들로 신비로운 야생의 자연을 간직하고 있다. 마레의 원주민들은 넹고네족이다.

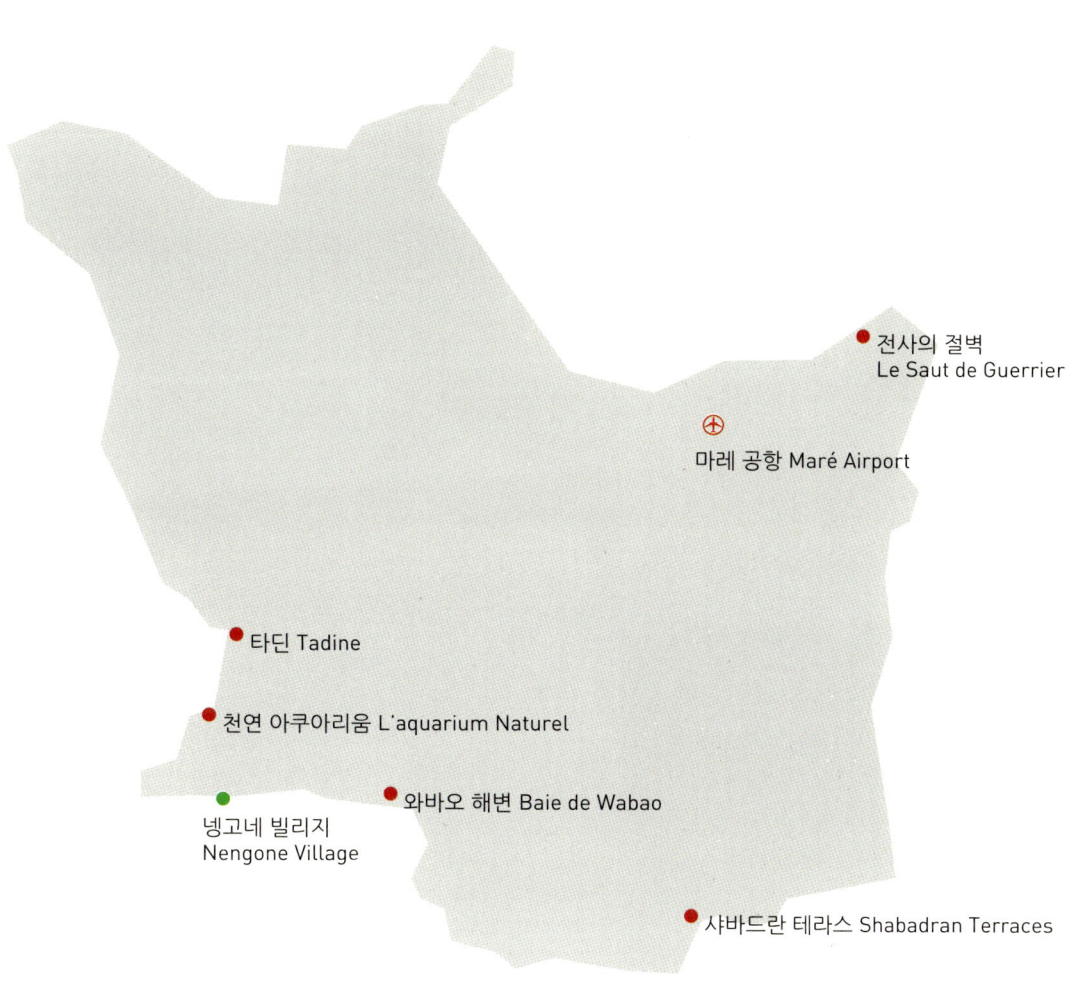

Loyalty Islands
Maré Sightseeing

와바오 해변 Baie de Wabao
소나무와 야자수로 둘러싸인, 옥색 물빛이 아름다운 해변이다.

모니크 기념비 Monique Monument
1953년 7월 31부터 8월1일까지 모니크호(La Monique)가 타딘(Tadine)에 있는 마레 항구와 도착지 사이에서 실종되었다. 18명의 선원과 108명 승객 모두 실종되었다. 이 비극에 바치는 비석이 바로 모니크 기념비다.

샤바드란 테라스 Shabadran Terraces
절벽과 산호 밭이 내려다보이는 멋진 전망을 볼 수 있는 백사장이다. 2시간 30분 동안의 하이킹 코스를 하고 싶다면 산호로부터 발을 보호하기 위한 신발을 잘 챙겨 신어야 한다.

원시의 자연이 살아 숨쉬는 마레. 웅장한 녹음과 짙푸른 바다, 전설이 깃든 곳곳을 나 혼자만의 세상인 듯 돌아볼 수 있다.

천연 아쿠아리움 L'aquarium Naturel
열대 숲 안에 맑은 물이 고여 있는 천연 수족관이다. 마레의 타딘(Tadine)에서 3km 떨어져 있다.

라 로셰 선교단 La roche Mission

전사의 절벽 Le Saut de Guerrier/ Warrior's leap in Wakone
해발 30m 위에 있다. 많은 적들에 의해 궁지에 몰린 전사가 7m 너비를 뛰어 넘었다는 전설이 내려오는 곳이다. 그를 쫓던 적들은 이를 뛰어넘지 못한 채 절벽으로 떨어져 목이 꺾여 죽었다고 한다.

Maré Accomodation
Loyalty Islands

마레 섬(641.7㎢)은 뉴칼레도니아에서 세 번째로 큰 섬으로, 서울과 비슷한 크기다. (605.2㎢) 이 큰 섬에 민박을 제외하고 호텔은 단 한 곳, 넹고네 빌리지 뿐이다.

넹고네 빌리지 Nengone Village

해변에서 도보 15분으로 지척에 위치한 마레 유일의 호텔이다. 방갈로인 전 객실 카테고리는 가든 뷰·오션 뷰·딜럭스3개로 나뉘며, 목재로 마감된 깔끔한 실내가 내 집 같은 분위기를 자아낸다. 카약 등 물놀이 장비를 무료로 대여할 수 있으며, 아로카리아 소나무와 야자수로 둘러싸인 바다전망 수영장이 멋지다. 유료 송영 서비스를 제공한다.

위치 Po Box 154 98828 TADINE MARE
문의 +687 277050 / reservations@loyaltytours.nc / http://hotelnengonevillage.nc/
요금 1박 17만원~ (호텔 부킹사이트 검색 기준, 2018년 8월 가격)

Special 16

Do You Remember? <꽃보다 남자>의 촬영지!

2009년 KBS 2 TV에서 방영되었던 드라마 꽃보다 남자! 외모·돈·권력을 모두 갖추었으나 인간성은 비뚤어진 남고생 네 명(F4)과 가난하지만 근성 있는 여고생(금잔디) 사이의 우정과 사랑을 그리며 '꽃남' 열풍을 일으켰다. 5,6화에는 이 초부유층 고교생들의 남태평양 주말여행지로 뉴 칼레도니아가 등장하여 시청자들의 눈길을 사로잡기도 했다.

보 Voh - 하트섬 The Heart of Voh

"보이냐 내 마음?" 헬리콥터를 타고 공중에서 하트섬을 바라보며 금잔디에게 날린 구준표의 명대사 고백 멘트다. 뉴칼레도니아의 본섬(라 그랑떼르)의 북쪽 보(Voh)지역에 자리하고 있는 이 신비한 자연의 하트는 헬리콥터를 타고 상공에서 바라봐야 비로소 그 모습을 드러낸다. 헬기에서의 고백이라니. 한국 드라마 역사상 가장 럭셔리한 고백 장면 중 하나가 아니었을까.

누메아 Nouméa – 메트로 섬
F4와 금잔디 일행이 묵었던 섬으로 등장한 곳이다. 누메아의 앙스바타 비치에서 수상택시로 15분밖에 소요되지 않으며, 각종 수상스포츠를 즐길 수 있어 당일 여행지로 인기다.

누메아 Nouméa – 추추 트레인 (쁘띠 트레인)
누메아 시내를 편히 둘러보기 좋은 추추 트레인. 꽃남 일행들도 탑승했다. 투어 시간은 약 2시간이며, 앙스바타비치 매표소에서 티켓 구매 가능하다.

일데빵 Il des Pins – 오로해변, 자연풀장, 피로그 탑승 등
금잔디(구혜선)와 그녀에게 돌진하는 구준표(이민호), 그리고 잔디에의 마음을 확인한 윤지후(김현중) 세 사람의 마음이 엇갈리던 곳으로 등장한 곳이다. 피로그를 탄 윤지후가 금잔디에게 "흰 천과 바람만 있다면 어디든 갈 수 있어"라는 오글(?) 명대사를 남긴 곳도 바로 이곳.

누메아 Nouméa – 우엥토로 언덕
첫 사랑의 상처를 간직한 남자, 소이정(김범)이 잔디(구혜선)의 친구 가을(김소은)을 데리고 찾아갔던 곳이다. 석양 지는 풍경이 특히 아름다우며, 앙스바타 해변까지 산책로가 잘 조성되어 있다.

기타 미디어에 소개된 뉴칼레도니아
방송: SBS 정글의 법칙 2016년 7/1 . EBS 세계 테마기행 2011년 9/7~, 2015 9/7~ , 좌충우돌 만국유람기 2017년 1/5~

뮤직비디오: 성시경 〈잘 지내나요〉의 뮤직비디오와 자켓 사진촬영 모두 올 로케로 뉴칼레도니아에서 촬영했다.

만화: 유명 낚시블로거, 입질의 추억의 뉴칼레도니아 여행 에피소드를 만화로 볼 수 있다. (http://slds2.tistory.com/329) THE CAT MEETS FISH 의 섬나라 표류기(https://comic.naver.com/challenge/detail.nhn?titleId=662329&no=8)가 네이버에 연재되었다.

TRAVEL ADVICE

무브무브! 이제떠나실까요?

뉴칼레도니아 여행 몇일이 좋을까요?
시간이 허락한다면 최소 6박 7일 이상 여행기간을 잡을 것을 추천한다. 누메아에서 3일이나 4일 정도 체류하고 암에 드는 섬으로 2박 3일 정도 다녀오면 조합이 좋다. 섬을 두개 다녀오고 싶다면 일주일 이상 필요하다.

예산은 어느정도 잡을까요?
국내 판매하고 있는 여행사 상품을 둘러보면 4박6일 일정의 신혼여행 패키지가 가장 많다. 동경 경유로, 뉴칼레도니아 현지에선 4박5일 머무르는 일정이다. 이 기간 동안 누메아만 있는 패키지와 일데뺑 포함 패키지로 나뉘는데, 일데뺑이 포함되면 일단 누메아-일데뺑 국내선이 추가되므로 가격이 껑충 올라간다. 일데뺑 포함패키지는 3백20만원부터 3백60만원 선에 책정이 되어 있고, 일데뺑이 빠지면 2백만원 중반대에 상품 구성이 된다. 일본 경유가 아닌 호주 경유 상품도 나와있긴 하다. 시드니 2박, 누메아 2박 포함하는 6박7일 일정 패키지가 2백70만원부터 형성되고 있는데 이런 일정은 정말 별로 의미가 없어 추천하고 싶지 않다.

호주에 갈 일이 있다. 일주일 정도 더 추가하여 뉴칼레도니아를 돌아보고 싶은데 좋은 방법이 있을까?
호주에 머물고 있거나 호주 장기여행을 계획한다면 뉴칼레도니아는 생각해 볼만한 여행지가 된다. 누메아까지 브리스번에서 2시간, 시드니에서는 3시간 이내, 멜번에선 3시간 30분~4시간 이내에 갈 수 있으니 부담 없이 다녀올 수 있다. 우선 세가지 방법이 있다.

첫번째는 호주인들의 패키지를 이용하면 된다. 아래 여행사는 호주에서 출발하는 다양한 패키지를 운영하는 전문 여행사이다. 사이트를 둘러보면 뉴칼레도니아 상품이 이토록 다양할 수 있다는 점에 놀랄 것이다. www.ncvoyages.com.au
www.explore-newcaledonia.com

두번째는 배로 가는 방법, 아주 똑똑하고 합리적인 방법이다. 숙박, 식사, 교통이 모두 해결되는 크루즈이니 일석삼조. 항공으로 가면 누메아에서 다른 섬으로 이동할 때 국내선을 또 타야 하는 번거로움이 있고 이 때문에 가격이 올라가는 요인이 된다. 크루즈는 일정에 누메아, 리푸, 일데뺑 등에 정박하므로 다양한 지역을 편하게 고루 돌아볼 수 있는 장점이 있다.
예를 들어 P&O 크루즈의 뉴칼레도니아 상품을 보면 7박8일 코스로 시드니에서 출발하는 누메아-리푸, 마레, 일데뺑을 돌아보는 가격이 우리 돈 70만원대부터 가능하다. 대표적인 크루즈선사는 P&O 외에도 카니발 크루즈가 있다. 아래 사이트를 참고하자. www.pocruises.com.au/destinations/pacific-islands/new-caledonia
www.carnival.com.au

세번째는 호주-누메아 항공권을 따로 구매하는 방법이다. 우선 에어칼린 본사 웹사이트 (www.aircalin.com)를 이용하면 24시간/365일 구매 가능하다. 단 국내카드 결제 시, 환차 및 해외카드 수수료가 발생하고 영어/불어로 확인해야 한다. 이 방법이 못 미덥다면 에어칼린 한국사무소 (02-3708-8596)로 전화로 예약하는 방법도 있다. 한국인 직원과의 상담을 통해 예약 및 온라인 수기 결제가 가능하고 환차나 해외카드 수수료도 없다. (월~금 오전 9시~오후 6시) 또는 에어칼린 추천 여행사를 통해 항공권을 구매할 수도 있다. (내일투어, 드림아일랜드, 모두투어, 팜투어, 하나투어, 허니문리조트 등 (가나다 순))

언제 방문하는 것이 계절상 가장 좋을까?
연평균 17°C에서 30°C가 1년 내내 지속되는 온화한 기후로 4월~8월은 15~25°C, 9월~이듬해 3월까지는 25~30°C 정도. 날씨는 12월 중반 ~ 1월이 가장 좋은 편이다. 이곳의 가을/겨울에 해당하는 6월 이후의 기온은 20°C 정도를 유지해 쾌적하지만 밤엔 제법 선선해 가벼운 점퍼를 준비하는 것이 좋다. 9월부터는 다시 여름으로 치닫는다. 뉴칼레도니아는 한국의 장마 같은 우기는 없다. 통계에 따르면 1월~4월 까지가 비교적 비가 내리는 시기이고 9월~11월까지가 비가 적은 시기이다. 현지 날씨를 정확히 알고 싶으면 프랑스 기상청의 뉴칼레도니아 기상 사이트를 참고한다. (www.meteo.nc)

The Final Tips

여행 준비물은 어떤 것을 준비해야 할까?

누메아에서 격식 있는 바, 레스토랑, 카지노 방문 시엔 복장에 특히 유의한다. 얇은 셔츠, 린넨 팬츠, 원피스, 슬링백 등 약간은 격식을 차린 복장이 좋다. 부엌 시설이 있는 숙소가 많아 요리를 할 경우라면 간단한 도구나 소스를 챙겨도 좋겠다. 누메아에도 바다가 좋아, 스노클링 기어나 바디보드 같은 도구가 있으면 언제든 바닷속을 볼 수 있고 자유롭게 즐길 수 있으니 참고하다. 섬 지역으로 이동 시엔 모자, 슬리퍼, 선크림, 수영복 등 기본적인 물놀이용 의상과 용품들을 챙기되, 원시 자연속을 걷는 경우를 대비해 트레킹 운동화, 모기와 벌레를 피하기 위해 긴 바지를 준비하면 좋다. 특히 모기 기피제, 물파스는 꼭 챙긴다. 경험 상 숲 모기들은 래쉬가드도 뚫고 들어오니, 몸에 붙는 옷보단 헐렁한 옷이 낫다. 모기들은 검은 색에 더 잘 달라붙는다. 숲이나 꽃처럼 화려한 색상의 옷을 고르는 편이 모기를 피하는데 도움이 된다. 일데빵의 오로풀장이나 해변가 산책을 갈 땐 아쿠아슈즈가 있으면 편하다. 바다를 끼고 있는 리조트들의 경우 대부분 스노클링 장비는 무료로 대여하는 곳이 많다.

현지 정보를 구하기가 어렵다. 참고할 만한 사이트나 블로그를 추천해준다면?

필자도 느낀 것은. 한국어로 된 다양한 정보가 부족하다는 것이다. 이것은 뉴칼레도니아 방문객들 중 아직 개별여행자가 적기 때문이다. 허니무너들은 거의 패키지를 이용한터라 거의 같은 곳을 방문했고, 개별 투어의 가격이나 자세한 정보를 적어두지 않았다. 한국어로 되어 있는 정보사이트 중에는 뉴칼레도니아 관광청 공식 블로그(http://blog.naver.com/visitnewca)와 페이스북(http://www.facebook.com/aircalinKR)가 가장 낫다. 호텔에 관한 자세한 정보와 사진을 보고 싶다면 전문여행사 중 한 곳인 드림아일랜드(http://dreamisland.co.kr)에서 뉴칼레도니아로 지역을 검색해서 찾아볼 수 있다.

국내블로거 중엔 슭의뉴칼레도니아생활기(http://seulkiya.tistory.com)과 입질의 추억(낚시 전문가의 뉴칼레도니아 낚시 자유여행, http://slds2.tistory.com) 등을 참고하면 좋다. 조금 특이하지만 캣밑쉬(The Cat Meet Fish)라는 제목의 웹툰이 있는데 뉴칼레도니아의 매력을 느낄 수 있도록 잘 만들어졌다. 지역의 매력과 키 포인트를 잘 정리해 두었다.

한국어 사이트는 없지만 뉴칼레도니아 관광청 공식 웹사이트가 가장 정확하고 공신력 있는 정보이니 둘러보도록 한다.
www.newcaledonia.travel/en

현지의 인터넷 사정은?

이상하게도 현지 인터넷 인심은 그다지 좋지 않았다. 누메아에선 르메르디앙을 제외하고는 호텔들이 거의 인터넷을 제한적으로 공급한다. 오히려 섬 쪽의 리조트들이 느리지만, 인터넷 인심이 더 낫다. 누메아의 레스토랑들은 고객들에게 와이파이 패스워드를 제공해 주니 식사하는 동안 인터넷 접속이 가능하다. 데이터 로밍은 가능하지만 정액형 무제한 요금제는 이용이 불가하다. 데이터 로밍을 해도 사용이 불가한 지역이 많아 큰 의미가 없으니 인터넷에 대한 지나친 관심은 잠시 꺼두는 것이 좋겠다. (2017년 기준)

현지 교통편은?

운전방향은 우리와 같고, 길은 구획정리가 잘 되어 있는 편이라 렌터카가 그리 어렵지 않다고 들었다. 단 오토가 아니라 수동식 기어 자동차이고 보증금 예치가 필요하다.

택시는 가격도 가격이지만, 콜을 불러야 하므로 자주 이용하긴 힘들다. 누메아를 둘러보기 위해 하루 정도 버스에 도전해 볼 수 있다. 버스는 오전 6시에서 5시까지 운항하며 버스 배차시간은 15분~30분 간격이고 노선은 복잡하지 않아 쉽게 이용할 수 있다. 두 가지 버스가 있는데 Karuïa Bus는 앙스바타, 다운타운과 같은 대부분의 관광지를 운영하는 버스로, 버스 앞쪽에 번호와 목적지가 써있다. RAI 버스는 도시간을 운행하는 고속버스다.

국내선을 탈 때 주의사항은?

국내선 공항은 국제선 공항과 다르다. 도착공항은 국제선인 통투타 공항이고, 국내선은 마젠타 공항이다. 누메아와 섬간의 국내선은 자주 연착되니 일정에 유의한다. 소형 비행기라 1인당 탑재 가능 수화물이 10kg로 제한되어 있다. 누메아에 머무르는 호

TRAVEL ADVICE

무브무브! 이제떠나실까요?

텔에 짐을 보관해 달라하고 섬 여행을 다녀오는 것이 일반적이다. 누메아–일데빵을 가서 일데빵–리푸를 가고 싶어도 섬에서 섬 간의 이동은 반드시 누메아를 경유해야 한다는 단점이 있다. 국내선은 에어칼레도니(Air Calédonie, www.air-caledonie.nc)에서 예약하거나 여행사를 통해 미리 구매가 가능하다.

영어가 잘 통할까?
불어가 일반적이다. 가이드들은 불어, 영어, 일어를 구사하는 이들이 많다. 누메아의 호텔이나 상점에선 어느 정도 영어가 통하지만 섬으로 가면 불어 외에는 잘 통하지 않는다. 레스토랑에도 영어메뉴가 없는 경우도 많아서 다소 불편할 수 있다. 음식 주문을 위한 생존 불어는 무브매거진 뉴칼레도니아(Vol.5)편을 참조한다.

팁 문화는 어떤가?
여행자의 글로벌 에티켓으로서의 팁 정도만 신경 쓰고 일상생활에서의 현지 팁 문화는 거의 없다. 레스토랑에서도 계산서에 찍힌 금액만 계산해도 무방하다. 투어를 하고나서 가이드에게 따로 별도의 팁을 주지 않아도 분위기가 전혀 이상해 지지 않는다.

섬을 안 가보긴 그렇고 가려고 하니 어디를 가야 할지 모르겠다. 일데빵과 리푸, 마레, 우베아 중 하나만 선택해야 한다면 어디를 추천하겠는가?
섬은 무조건 하나는 가보아야 한다. 그래야 뉴칼레도니아란 곳의 특별한 역사와 멜라네시안 컬쳐, 그리고 때묻지 않은 원시 자연환경 등을 골고루 접할 수 있다. 24km의 백사장에 확 끌리는가? 아무것도 안하고 쉬고 싶은가? 그렇다면 우베아를 추천한다. 대중적으로 가장 많이 가는 곳은 일데빵인데 여러가지 액티비티와 볼거리 즐길거리가 다른섬에 비해 풍부해서 그렇다. 만약 한 군데만 가야 한다면 일데빵이 가장 무난하고, 일데빵과 다른 섬 하나 더 가보고 싶다면 리푸나 우베아 중 선택하는 것이 좋겠다. 섬을 두 개나 가보려면 아무래도 전체 일정이 길어야 함을 유의하자.

마지막으로 믿을만한 여행사를 추천한다면?
국내 뉴칼레도니아 여행상품을 검색해 나오는 여행사들은 대부분 일본 랜드사인 사우스퍼시픽투어스(SPT)의 공급상품을 활용해 패키지를 구성하고 있다. 따라서 SPT 한국 사무소인 드림아일랜드를 통하면 자유여행, 패키지 모두 편하게 구매할 수 있다. 자유여행의 경우 항공권과 숙소, 원하는 투어만 포함시켜서 테일러 메이드로 구성이 가능하고 패키지 상품을 선택하더라도 현지의 항공과 숙소만 가능하면 일정 연장도 현장에서 가능하다니 꽤 융통성이 있다. 종종 항공권 특가요금을 가지고 있어 항공사에서 직접 구매하는 것보다 저렴하게 구입도 가능하다는 내부의 팁이다.
(문의 : 서울 02-566-3612, 부산 051-747-7193)

기사제공: 여행매거진 MOVE(Vol.5 뉴칼레도니아 편)에서 발췌하였습니다.

MOVE

Destination Magazine for Luxury Travelers

〈무브〉는 '여유'와 '취향'이 있는 여행자를 위한 데스티네이션 매거진입니다.
한 호에 한 지역, 한 도시, 또는 한 마을만 소개하고 있어 여행에 관심있는 사람이라면
누구나 편한 마음으로 구독할 수 있습니다.
근간의 여행을 위해, 또는 언젠가의 '드림트래블'을 위해 소장하시기 바랍니다.

MOVE is a destination magazine designed for travelers with 'taste' and 'something extra.' It covers one region, one town or even one village per issue to provide thorough, extensive and intensive information on the destination.
It is not one of those other travel magazines which focus on providing as much information as possible but rather highlights photos that expressed characteristic of the destination with essential and practical information what travelers who are really interested visiting the area.

Distribution Channels:
Bookstore (KRW 18,000 per copy) & VIP gifts for prestige clients (Mercedes-Benz)

| Vol.1 Batanes | Vol.2 Sicily | Vol.3 Dubai | Vol.4 Mauritius | Vol.5 New Caledonia | Vol.6 Lombok | Vol.6 Siberia |
| 바타네스 | 시칠리아 | 두바이 | 모리셔스 | 뉴칼레도니아 | 롬복 | 시베리아 |

Jeju Island Andong
제주   안동

Publisher: around the WORLD
www.movemagazine.co.kr / +82-2-3477-7046 / movemagazine01@gmail.com

Bonjour Paradise
뉴칼레도니아

남태평양 중심부 에메랄드 빛으로 둘러쌓인 프랑스령 섬
천국에 가장 가까운 섬 뉴칼레도니아

프랑스 니스를 연상케 하는 유럽풍 분위기와 멜라네시안 문화가 어우러진 산호 섬 뉴칼레도니아에는 상상 그 이상의 감동이 기다리고 있습니다. 블루 그라데이션을 이루는 열대섬 속 독특한 소나무 풍경과 때 타지 않은 자연생태계가 반기는 그 곳,
허니무너가 사랑하는 영원한 봄의 나라로 오세요.

New Caledonia is...

- 성시경 4집 타이틀 곡 〈잘 지내나요〉 뮤직비디오 촬영(2005년)
- 김형경 베스트셀러 여행 에세이 〈사람 풍경〉 소개(2006년)
- 일본 작가 모니무라 가쓰라의 베스트셀러 소설 〈천국에 가장 가까운 섬〉 배경(1965년)
- KBS 걸어서 세계 속으로 〈뉴칼레도니아 편〉방송(2008년)
- 세계 최초 라군(석호)으로 유네스코 세계자연유산 선정(2008년)
- KBS 2 〈꽃보다 남자〉촬영지(2009년)
- 11월 KBS 2 〈오감만족 '세상은 맛있다'〉 - 토니안 & 김재덕(2012년)
- EBS 〈세계테마기행〉(2015년)
- SBS 〈정글의 법칙〉 방송(2016년)
- 부산 MBC 〈좌충우돌 만국유람기〉방송(2017년)

한국에서 일본 동경, 오사카 및 호주 시드니를 경유하여 매일 연결 가능

예약 02-3708-8596 | www.aircalin.co.kr